U0142536

事故になる前に気づくための
産業安全基礎の基礎

在**事故**發生**前**
防範於未然──

產業安全
基礎 的
基礎

五南圖書出版公司 印行

❦ 前言

　　即便筆者過去具有設計、設備、製造、工廠管理與技術開發等工廠相關經驗，基本上還是與直接面對安全管理事務有著一定的距離。時至今日，筆者已在製造業安全相關活動方面有超過十年的輔導經驗。在此期間，原本只希望能以石油裂解中心為核心的大型石化工廠為主，確保其安全為目標。然而，在輔導過程中有諸多機會觀察到工業園區內的中型工廠，或是同樣位於石油裂解中心但規模並沒有那麼大的工廠之事故與狀況，深感即使發生的事件相同，還是會因其背景或是因應對策，使得結果與大型工廠大相逕庭。一言以蔽之，最根本的原因在於對確保安全的態度與對策實施方面顯得較為不足，往往尚未找出根本原因就草草結案，對於預防再發的對策不夠徹底。

　　事故發生當然不只是那種經由媒體大肆報導、會給社會帶來不安的大型企業集團的火災、爆炸案，刊載於報紙角落的小規模工廠事故，發生的死傷人數往往遠超出財團所屬企業發生事故的死傷人數。因此即使規模稍小，對於同樣是在製造業工作的人們而言，對於安全也都具有同等

的權利與責任，因此更應當在細節上確保安全以及防止事故發生於未然，讓預防同類型事故再度發生之對策更加完善。在這種想法的驅使下，筆者興起撰寫本書的想法。

過去，從事安全相關工作之公家機關、學會以及業界人士在研究、安全理念以及實際措施上，大多以石油裂解中心較大規模之工廠爲實施以及實證對象，經過不斷反覆驗證、嘗試、修正錯誤後，即使有諸多不完整之處也有所進展，並逐漸展現成果。

雖然不能說已經面面俱到，然而倘若這種思維模式以及實施對策眞的已經有部分展開至一般製造業及其周邊領域，或者更進一步拓展開的話，那些在報紙角落報導的零星事故是否就不會發生? 針對這些問題，筆者僅能在拙見範圍內，針對思維模式的導入，舉出些許案例驗證以及說明應該學習的地方，不論規模大小，皆應以提升製造現場之安全等級、防範事故發生於未然以避免發生憾事爲目的，期望透過這些案例分享能夠讓身處於製造業的諸位更加平安，這讓還是才疏學淺的筆者因此厚顏撰寫本書。若能提供給爲確保製造現場安全而煞費苦心的相關人員參考，筆者將備感欣喜。

本書由8個章節構成。第1章講述製造現場所應具備的基本資訊與資料。第2章到第4章從人類的心理面、流程

事故、職業災害觀點整理出究竟為什麼會發生事故。第5章、第6章整理出在事故發生前所須具備的察覺能力該如何培養與教育，以及該如何因應那些已存在的風險，第7章加入安全文化的觀點，說明如何打造出一個不會發生事故的現場。第8章則將本書內容作一個總結，描繪出一個不會導致事故的現場，也就是一個能夠隨時發揮注意力並且可以將全體人員所注意到的事情得以分享給所有人的工程現場。

書中也穿插了一些簡單易懂的解說專欄，如需更詳細的說明，煩請參考更專業的書籍。此外，或許與本書旨趣不是很一致的是，本書還附有幾個咖啡時間「Coffee Break」的小專欄，期望藉此分享由前輩們所傳授的相關心理建設、思維模式，以及筆者本身的經驗談。如果讀者們能夠學習到前輩們的經驗將是一件非常幸福的事。

最後，於本書出版發行之際，特此感謝賦予本書文章簡潔明快感受的插畫家小林惠子小姐、還有在工廠組裝初始階段就願意提供5S相關現場照片的科斯莫石油股份有限公司、在本書編輯過程中給予諸多協助的化學工業日報社股份有限公司安永俊一董事兼營業企劃部長，以及出版暨調查小組的增井靖先生。

荒井保和

2018年12月

❀ 推薦序一

　　我第一次知道這本《產業安全基礎的基礎》，是我們臺灣化工前輩林書鴻總裁介紹的。大家都知道林總裁獻身在臺灣石化產業長達70年，有「石化業愛迪生」之稱，不但在研發、製造上成績斐然，在企業ESG（環境、社會與公司治理）上也不遺餘力，他就是用這本書在長春集團各廠進行全員訓練。而誠如我在任何與石化業者見面的場合，我都再三叮嚀：「有工安才有石化」，我們都不否認石化產業對台灣經濟的貢獻與重要性，但是一次嚴重的工安事故，不光是生命財產的損失，對於一家企業要能永續經營都會有問題。

　　我們檢討各種事故發生的原因，不論是源自設計、建造、操作、維護、工場管理等層面，大都可歸咎於人為的疏失，而通常都只是需要任何一個相關的人員多一點注意或提醒，就可以避免。

　　《產業安全基礎的基礎》這本書可以讓製造業的主管與現場同仁不斷思考、模擬、檢討與演練，讓每一個工場都是沒有事故的工場，是一個隨時都能夠發揮注意力，並且可以將全體人員所注意到的異常資訊傳遞給所有人的工場，對想要投入產業的畢業生來說也是一本鍛練基本功的書籍。

　　書中有許多內容，我覺得非常重要，例如：面對工作時，要先對自己工作的現場狀況有基本的了解：「生產的是什麼東西？」、「如何生產？」、「產品誰在使用？」、「品質要達到何種程度？」、「對社會有甚麼助益？」，更要了解經手物質的毒性、危險性，以及製程危害性等作業現場的風險來源，並且建立能夠迅速傳達至所有相關人員的通報系統。還有，許多事故並非由單一原因導致，操作狀況突然不太順利、與平時不太一樣的某些情形一直出現、聯絡事項不夠周延等，許多事故都是因為本來應該發揮效果的安全防護系統不夠完善而導致，因此，藉由「虛驚事故」或是風險評估，找出各個防護系統缺失並且確實進行改善活動相當重要。

　　非常高興這本具有實務經驗的著作能以中文版出刊，書中許多的案例相信製造現場的工作人員看了之後都會覺得於我心有戚戚焉。希望這本書能夠廣為流傳，我們產業界的從業同仁在閱讀後，能夠像作者所期望的，用「注意」來強化現場安全，打造出不會造成事故的工作現場。讓我們大家為臺灣社會的富裕、幸福與健康加油與努力。

行政院副院長　　沈榮津

✑ 推薦序二

　　回顧2011年到2014年期間，日本一些大型石化工廠陸續發生重大事故。由於這些出事的公司都是國際知名的化工企業，其技術和管理能力應該都居於世界領先地位。卻仍然無法避免這些不幸的發生。當時的日本政府當下承受到來自社會各界的壓力，為了平息這些。於是由通產省出面邀集日本化工各龍頭產業社長共同檢討事故原因並研擬改善措施，期能防止事故再發。由於，我對這個會議的結論也寄予高度的關注與期待，非常的希望能夠從中得到啟示。

　　2019年初我從化學工業日報看到荒井保和先生的著作《產業安全基礎的基礎》出版的消息。由於作者曾擔任三菱化學管理部部長、製造部部長、總公司技術部部長、技術管理部部長及董事職，職涯長達47年，歷經很多感人的事件，深覺自己有責任應將一生之經驗傳承給後輩，否則會良心不安。有感於此，於是我利用春節假期兩天從頭到尾一口氣細讀了這本書，發現這實在是一本很有價值具有實務經驗的傑作，真的是深得我心。於是，我立即整理節

錄其中的精華部分，舉辦集團各廠全員訓練。內容生動而有用，訓練也很有效果。2019年中經濟部集合石化業界高層共同探討工安議題。時任經濟部長的沈榮津副院長，在會中亦認同我的推薦，當場指示石化公會翻譯引進這本書，供石化同業引用為教材以有效避免工安事故的發生。

於此，我要感謝沈副院長及工業局長官們的積極支持，以及台灣區石油化學工業同業公會林福伸前理事長和公會同仁的努力溝通之下，取得原作者的授權並將此書翻譯成中文，如此更能夠充分的接地氣，讓更多的本業同仁能夠閱讀吸收。於此，我鄭重向各界推薦這本有用的好書，希望藉由本書中文版的流通發行，讓更多人能夠經由閱讀本書而領悟安全生產的精髓，有助於化災事故有效預防與消弭，以扭轉化工同業在臺灣社會的形象，進而達到共存共榮的美好願景。這應該也是荒井先生和我共同的初衷吧！

長春集團總裁　林書鴻

2020年9月

目錄

Chapter 1

製造現場所應具備
的基本資料與資訊

1. 流程資訊

在製造現場工作的你，會知道該如何打造自己的工作環境，該如何讓客戶願意買單，會產生何種助益等。假設是食品工廠，生產的產品最終會進入人們口中，而若是石油煉製相關的話，則因為石油產品能夠驅動汽車、船舶、發電機等而能對這個世界有所貢獻。如果不是最終消費產品而是原材料或是輔助資材，我們應該都知道那些是醫藥材料；那些是包裝材料或是纖維原料；或是基礎建設所需的工業材料，這些產品的規格是製造商與客戶共同決定的，現場在製造時必須確實遵守該規格。

然而，意外頻傳的製造現場人員往往無法準確地說明自己所處的狀態：

「我從事的是膠膜製作。」

「是用做什麼的膠膜呢？」

「我想應該是食品包材，但實際上……」

「會用在怎樣的食品呢？」

「我想會有各種應用……。但是，細節我不確定。」

或許是沒有被知會，但是我們不會希望聽到上述的回答。

「這個產品的主要用途是什麼？」

「主要用於○○食品公司的嬰幼兒奶粉內部包材。」

「這樣的話，想必清潔度管理相當嚴格吧？」

「在客戶端，還有最終洗淨工程，雙方的交易規格也是以此為前提來決定的，雖然我們這裡不是最終產品，但是也會注意不能有任何異物殘留。比方說……」

期望各位讀者能夠對現場的產品理解到上述這種程度後，以此來進行日常作業。

當然現場作業人員也可以被動地依照指示調配原料、依照指示條件操作。然而，在被動式工作的氣氛下，絕對做不出好產品，因為當人們缺乏面對生產過程的警覺，譬如無法察覺與平時不同、有什麼奇怪之處也無感時，就可能增加失誤、狀態不良或是品質不佳的機率。

> 面對工作時，要先對自己的工作現場狀況有基本的了解：「生產的是什麼東西？」、「如何生產？」、「產品誰在使用？」、「品質要達到何種程度？」、「對社會有何助益？」等，這些基本的了解可以幫助工廠用心做出優質產品。

2. 製造現場的潛在危險性

　　日本有1,300萬人從事製造業，這些製造現場潛伏著許多危險，每年約有2萬5,000人受傷、造成一百數十條寶貴生命的殞落。作業現場可能會有高溫、低溫、高壓、低壓（真空）、高電壓、高轉速等各種不同的操作條件，還有複雜且狹窄的場所、高處、以及在各種工作場所內移動等的相關操作與作業，甚至可能必須處理有毒性、腐蝕性、窒息性、可燃性、爆炸性、重物等物質，一旦疏忽就可能成為一輩子痛苦的回憶，在不同作業場所下與性命相關的案例不勝枚舉。只要有機會接觸到，不論是機器操作員、新進員工、工程相關人員、需要臨時進入現場者，都必須先確認、知道自己進入的目的地之溫差等用以保護自身安全的相關資訊。

　　為了確保安全，這些都是非常重要的資訊，通常會藉由對進入現場內人員的教育及事前教育、開會討論等方式，確保現場狀態與狀況、安全考量事項等。然而，有時候也有人員有企圖敷衍的情形。比方說，預計下午開始要變更運轉速度，但卻沒有告知工程相關人員，或者即使已經鉅細靡遺地傳達作業及工程近況，但是在較遠處、上層及下方的狀況卻沒有充分傳達，對於那些多年來已經熟練

的作業人員，即使知道可能有狀況，也會輕忽其危險性。

為了充分確認各個操作以及個別場地的危險性，必須經常整理現場所可能有的基本風險，特別是新的或是臨時從外部進入作業現場者，應將經手物質本身所具有的危險性、目前運轉狀況以及最近變動的可能性、所處位置的週邊狀況等製作成最新檔案，並且公告周知。

經手物質的毒性、危險性，以及製程危害性等作業現場的基本危險性資料，必須經常整理成最新資訊，並且建立能夠通知到所有相關人員的通報系統。

專欄1 「與職業災害密切相關的比率」

　　　　—知道、聽到的重要性

因無知、無經驗而造成停工4天以上的職業災害比率約為23%。

如果能夠再深入了解現場狀況，應該就不會發生那些令人痛心疾首的事件。

在死傷患病的人數中，工作經驗未滿三年的勞工占43%。

經驗期間較短、對危險的感受度較低，這些尚未熟練的勞工比已熟練勞工的職業災害發生率較高。必須提示他們作業內容及實施安全衛生相關教育。

在死亡職業災害中，進入現場第一天就發生的比率占27%。這足以顯示無知與隨便的恐怖。確實了解勞動場所的情形甚為重要。

專欄2 「製造業的死傷病比率」

　　圖1.1為2017年日本各行業的死傷災害發生情形。整體產業有12萬多人發生需停工4天以上的傷害事故。其中，製造業占2萬6千多人，之後依序為營建業、陸上貨物運輸業等皆具有較高的強度。這個數值做為安全績效指標的失能傷害頻率（FR）時，會四捨五入到1.0。在各事業單位中，若失能傷害頻率達到1.0以上，則該單位的數值會超出業界平均，也就是說會因此拉低「安全分數」。

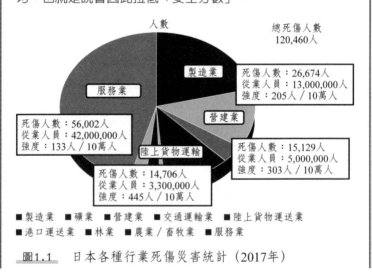

圖1.1　日本各種行業死傷災害統計（2017年）

失能傷害頻率=每100萬小時因職業災害造成的死傷人數
=（因職業災害造成的死傷人數／總勞動時間）×100萬小時

表1.1所整理的是圖1.1內主要行業之各類型發生狀況，製造業方面主要是以被夾到、被捲入之事故較多。例如：被機械或是重物夾住、被迴轉物、輸送帶，膠膜或是薄片狀物等帶狀物捲入等事故。

表1.1　日本主要行業之各類型災害統計（2017年）

	滾落／墜落	跌倒	夾捲事故	交通事故	不安全動作
製造業	2,842	5,088	7,159	313	2,433
營建業	5,163	1,573	1,663	587	880
交通運輸業	4,454	2,944	1,753	2,058	2,777
第三類產業（如服務業、零售業）	7,915	18,705	3,954	5,025	10,087

從表1.1，我們可以了解，營建業比較容易發生跌落／墜落事故，令人意外的是在交通運輸業的跌落／墜落事故竟然也不少。許多情形是發生在進行裝卸作業時從裝卸平臺上跌落，或是從槽車上方槽孔滾落等，在作業現場這類災害頻傳。希望各位特別留意。

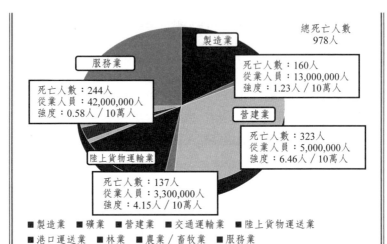

■製造業 ■礦業 ■營建業 ■交通運輸業 ■陸上貨物運送業
■港口運送業 ■林業 ■農業／畜牧業 ■服務業

圖1.2　日本各種行業的死亡災害統計（2017年度）

表1.2　日本主要行業之各類型死亡災害統計（2017年）

	滾落／墜落	跌倒	衝撞事故	夾捲事故	交通事故
製造業	28	9	16	51	10
營建業	135	28	23	28	51
交通運輸業	20	8	6	21	68
第三類產業（如零售業、服務業）	75	12	38	40	85

　　圖1.2為各種行業的死亡災害統計，表1.2為主要行業之各類型死亡災害統計。製造業每年奪走將近兩百條性命，其

中夾捲事故占最多數。

經常佔據報紙版面的火災、爆炸之死亡人數並沒有在表中出現，全年度因火災爆炸而死亡的人數最多就是數名。人命雖然沒有輕重之分，但是媒體仍會依據該事故對社會帶來不安地程度，或是該事故本身具有的新聞價值而被大肆報導，這是常有的事。希望大家重新正視作業現場周邊情況，如表1.2所列之災害往往會奪走許多條人命，懇請多加注意、提高相關風險意識。

3. 設備資訊

製造業進行生產時多多少少都會使用到一些設備。依據生產項目，如同專業人士使用的專用道具般，設備需求相當分歧，從僅需使用極少數機械的中小型工廠，到製鐵、石油精煉等需要多人分工處理運作的大規模設備皆有，本書主要針對石油、石油化學以及樹脂製造等所謂石化工業領域進行以下解說。

＊　　＊　　＊　　＊

在一些比較小型的生產現場發生狀況或是事故時，通常會發現他們用來顯示生產流程的文件資料或是圖面有不夠完整的情形。

某間工廠發生成分異常的品質問題時：

「該製造流程出了什麼狀況嗎？原本不應該出現的成分是從哪裡流入的呢？」

「這是購買該設備時所撰寫的流程圖，之後又做了許多改良及改造，現在這個圖面已經不符需求了。後來又增加好幾個添加助劑的位置……。」

「有沒有可以顯示目前現況的流程圖呢？」

「現場是有標示流體名稱等，現場人員也都理解，但是我們並沒有可以顯示工廠現況的圖面。」

「這樣呀！那要如何進行作業指示呢？如何明確標示作業程序的步驟或是規則呢？」

「只要告知當天的生產規格，再來就是因為現場作業的班長比較資深，所以就授權讓他處理，操作步驟他們也會比較了解。」

如此一來，不合格、操作不順的原因分析及再防止對策也都無法制定。生產某配方規格時，操作步驟為何？要如何運用哪座設備？這些要如何連接？生產線的清洗作業要從哪裡開始進行？等，如果全部都只是委託現場的資深同仁，根本無法依序掌握發生的狀況。在這樣的狀態下，這種規模的工廠往往容易發生意外。正確設定生產線等作業程序共享是有難度的，而且在開放性作業時，已經有用來避免與內容物接觸而閉止（斷流）、斷絕，甚至只需洗淨即可的安全措施，一旦發生問題也無法如願進行原因追蹤。不僅如此，只要每天的生產能順利進行，就會出現很多這種直接交付給現場人員處理的狀況。因此必須要有生產計畫、生產指示、風險檢測、問題解析等，該製造流程、設備規格、儀電設備安全檢查狀況等能夠正確顯示訊息的文件資料是必須的。

　　假設我們不明確追究上述品質異常原因,結果就是每次都得從頭再重做一次,日後還是會再次發生同樣的問題。經歷過幾次慘痛的經驗,好不容易起心動念將現有的流程圖面化,耗費一整個年度時間去繪製流程圖、進行最新設備規格的整理,才深刻體認這些事物的進行對於作業計畫、設備改善檢討及施工的安全對策等有所幫助,並且能夠杜絕同性質的品質問題。

　　設備圖面也是一樣,發生問題後,進行設備檢查時,就可以發現圖面與現況有異、操作中也發生沒有規定的部分,結論是無法安心進行相關作業,備品與替換零件等的準備步驟也會很奇怪。

　　整理出能夠正確顯示裝置及設備的構造圖、能夠正確顯示儀電線路圖等「現狀」的圖面,以及包含截至目前為止更新履歷、點檢履歷的最新的資料,都是不要讓現場出現失誤、穩定生產的必要條件。曾經有一個事故案例,流程圖中只是少畫了一個小管徑的連接配管,結果從此小管徑流入的高壓流體就沖破了入口,導致一條寶貴性命的殞落。

流程圖、設備規格手冊等用於表示現場製造設施的文件資料，必須以安全運轉、穩定生產為前提，正確地標記現況。遇到改造、修理、合理化、擴充／更新等情況，或者因需要進行設備變更以及現場各種操作條件變更時，都必須不得遺漏、立即反映、不得拖延，並且在相關人員之間公告周知、共享同步更新的資訊。（參照專欄3「變更管理」）

4. 作業程序書

　　另一個與製造相關的重要文件資料是作業程序書。作業程序書是爲了讓不管是誰負責皆可進行正確的操作。有時發現，作業程序並沒有明確地文件化，工作程序會因個人而有所差異，因此發生狀況或是事故時，在怎樣的程序下進行怎樣的作業？僅有進行該作業的當事人知道，下命令的管理部門或是事務單位並不理解該作業的實際狀態，因此不容易進行異常狀況發生原因之探究以及預防事故重複發生的檢討，只能等狀況發生後才開始進行作業程序整理及確認。大型企業的工廠雖然不常發現這樣的情形，但是卻有不少案例是因爲忽略作業程序細節而導致洩漏事故或是因而引發更嚴重的事故。越是與許多人員相關、需要複雜程序的裝置，該作業程序書更要嚴格要求正確度，並且要求工作時必須具備充分的風險管理意識。必須針對當該程序有誤時該如何處理？該自動控制閥無法運作時會造成那些狀況等進行風險評估（Risk assessment），必要時須重新修正程序步驟，一般會建議備妥「連鎖（Inter-lock）」與「失效安全系統（Fail-Safe）」機制等因應對策。

　　關於作業程序書還有一件很重要的事情。一般作業

程序書上只會寫出「這樣一來就可以順利進行」、「依序操作即可」等,並不會寫出「為什麼要進行這樣的程序?」、「為什麼不得變更程序的理由?」等(Know-Why)。因為工程現場也會出現各種狀況之變化。

依照作業程序書執行相關作業雖然是最高指導原則,但是如果沒有理解其本身意義、背景、為什麼要有這些程序,及為什麼絕對不能失誤等意義,無法識別某項作業的影響程度,結果很可能會因此欠缺正確地操作或是處理時的精準度。我們不能夠只將作業程序書單純地當作一本操作手冊來閱讀、理解,期望各位能夠從字裡行間讀取、理解該背景狀態、之所以特地寫下來的意義、之所以會這樣撰寫的緣由等。

在多人進行共同作業的製造現場,撰寫作業程序書、建立一個大家得以依循規定程序進行作業的體制相當重要。該程序書必須適度反映生產類型、製造品質、設備規格變更狀況等,藉此進行最新資訊的管理,並且公告給相關人員、讓大家共享該資訊,此事甚為重要。

此外,不得只將作業程序書單純擺在一個操作步驟的位置上,應該理解其中還有一種可以藉此補強前人經驗的意義等存在,必須仔細閱讀、理解字裡行間的意義。

專欄3　「變更管理」

　　在產業事故發生的原因以及背景方面，很多案例都是因為操作條件或是設備變更、啓動、停止等與平時有所差異，臨時進行一些因應措施後所導致。當一直穩定運作的生產設備有所改變，不論哪裡有任何狀況或是反應發生，我們都會覺得理所當然，所以反而不會充分去對應該狀況。因此，我們必須充分檢視與製造相關的變更內容，或是臨時因應措施等，依據此變更評估是否會產生新的、更大的風險，以便適時採取因應策略。站在組織的立場，必須認知且分享這些變更後的影響評估、規避策略等，並且將變更後的結果以書面或是圖面的方式保存下來，這才是設備或製程變更後也能持續維持安全且穩定操作的「變更管理」。

　　在設備構造變更中，有過沒發現磨耗的部位，結果導致管壁腐蝕、破裂而引發火災的案例；也有僅用口頭方式傳達運作方案有所變更，卻沒有正式使用書面資料傳遞，最後因為沒有共識而導致事故擴大的案例；還有因為長時間原料配方的演變，無法預知那一點一滴的微量成份變化，會加快腐蝕速度，進而造成設備損壞、火災的案例，也有在繁忙的大修期間，由於沒有與從其他單位派遣來的支援者充分討論，就直接將作業託付給對方，最後因誤判作業環境而引發設備事故等，有無數因變更管理的疏失而導致狀況發生的案例。在此提出的是一些較具代表性的案例，也就是所謂4M（設備、方法、原料、人員）的變更，以及遇到與常態不同的臨時應變措施時，必須要針對該變更會造成怎樣的影響，充分

檢驗風險性後制定出因應對策。並且整理出該變更與變更管理履歷、進行文件化作業,即可累積成為能夠活用在現場的技術能量。

變更與臨時應變措施方面可以參考第5章第2節的「瑞士奶酪理論(Swiss cheese model)」,假設安全濾網有所缺失、移動、開口部位尺寸改變等,會比較容易理解。

專欄4 「防呆工程與失效安全系統」

人類往往會在無意識狀態下,做出一些原本不該做的事情,為此設計出來一種設備用來避免事故發生的概念,稱作「防呆工程(Fool Proof)」;因為一些狀況而導致設備故障時,必須設計出在安全狀態下才能停止的概念,稱作「失效安全系統(Fail-Safe)」。

防呆工程的例子有:當門沒有關妥就無法啟動的微波爐、如果沒有完全地踩下煞車就無法啟動的汽車引擎。在工廠案例方面:由於經常發生在進行準備工作時,手沒離開就讓壓床啟動導致手被夾入的事故,因此現在的壓床改為得要雙手同時按下按鈕才能啟動的設計。

失效安全系統之案例有:因地震等原因倒下時,會自動斷電的暖風機(Fan Heater)、鐵路自動停止裝置(Automatic Train Stop,ATS)等。工廠電流過量時,自動切斷電流的斷路器,驅動源的電源、或是壓縮空氣消失時,事前設置自動控制閥會停止在預設好的停止位置下等。安全閥、備用機的自動啟動系統等也可以稱作是一種「失效安全

系統（Fail-Safe）」。這些都是為了避免因為人員失誤或是
設備莫名故障等而導致事故所採取的防護策略，也是得以確
保安全的重要概念。

5. 相關法規

　　爲了確保製造現場中，從業人員的安全、產品的安全、公共安全以及環境安全檢查、及商業交易行爲適當性等目的，必須有各式各樣的法規來限制。除了《消防法》、《高壓氣體安全法》、《勞動安全衛生法》、《大氣汙染防治法》、《水汙染防治法》等與製造流程或是製造設備密切相關、耳熟能詳的相關法令外，實際上還有與工廠建置相關之《建築基準法》、港口進出貨相關的《港灣法（臺灣：港灣口岸作業要點）》、工廠排放廢棄物相關之廢棄物處理以及清潔相關法律、社會基礎建設相關之《電氣事業法（臺灣：電業法）》、《河川法》以及《工業用水法》、交易標準化相關之《計量法（臺灣：度量衡法）》、產品爲食品或是醫藥品相關之《食品衛生法》、確保醫藥品、醫療器材等品質、確保有效性及安全性相關法律（簡稱《藥機法舊藥事法）（臺灣：醫療器材管理辦法、藥事法）》等各式各樣的相關法令。在符合法令方面，幅度非常寬，有些只要從業人員擁有相關證照，有些只要提出申請書即可，有些則需要通過檢查等取得許可 / 認可。不論如何，不論知道與否、惡意與否，只要牴觸法令規定，最糟糕的情況是可能會遭到勒令停止生產、或收

到改善命令，必須修改作業直到通過認可才得以重新開工。因此，工廠當然必須對相關法令有一定的敏感度。對工廠而言，生產運轉、業務形態、使用物質的管理以及處理方法等有關產品相關法令等，必須全面檢視是否在因應處理上有所遺漏。日本《舊藥事法》曾於2014年進行大幅度的修正，其他各法令平時皆會有小幅度的修正。雖然法令有公告期間，但一旦開始施行即不得違反，這就是所謂的「法令」。

工廠相關人員必須要有正確體認，只要有一處違反，就會對生產操作造成很大的影響，最糟糕的情況是導致無法繼續從事該事業。

不要遺漏申報等工作。依照法令規定維持設備管理狀況、生產操作等皆是工廠方面的責任，如果平常沒有作好這些用來佐證之申報文件存檔，或是許可書／證照等文件維護管理，後續遇到要申請變更、追加申請、定期入廠檢查等就會出現一些狀況，或是必須要耗費更大的精力去處理。務必理解這些乍看之下很普通的日常管理，但要認知相關文件、證明用文件之整理與管理其實都是非常重要的工作。

最近，法令遵守意識抬頭，公司經營，以工廠運轉為前提，就是要誠實遵守法令。正因為與許多法令或是規

定制度相關，所以有時會對規定是否適當產生質疑，最糟糕的情況是事後才發現在法令程序上有所遺漏。此時，工廠方面很重要的一個態度是絕對不要由工廠內部自行判斷情勢，請誠實地與所屬管轄機關諮詢、請求給予指示。希望各位銘記在心的是，是否在容許範圍內、是否為善意、是否有虛偽意識等都是由外部單位判斷，千萬不得自行決定。已經過去的事務必須負起責任，政府機關也會接納廠商的態度才是。為此，必須重新認知，平常就應該與所屬管轄機關維持良好的溝通。

工廠經營往往被許多法令包圍著。除了必須符合社會安全方面的規範外，也要維持事業的健全發展。不論如何，嚴格遵守法令都是最重要的前提，法令所訂定的僅是最低的規範事項，業者必須視需要而有更高標準的因應策略，藉此有助於安全確保以及環境保護。

此外，現今社會大眾對於此類問題的檢視也變得日益嚴苛，從危機管理的角度來看，我們也期望企業能夠提高對相關事物的敏感度。

Chapter 2

為什麼會發生事故
（與事故相關之人
類心理）

中世紀西歐思想家說：「進入天堂最有效的方法就是熟知通往地獄之路」，那麼，不要讓事故發生，最有效的方法不就是要了解造成事故的原因、擁有能夠明白事故有可能立刻會發生的能力嗎？接下來的章節中我們要來了解事故，也就是說必須要有智慧去觀察與了解為什麼稍微不謹慎就會發生事故，才能夠真正預防事故發生。就讓我們透過這樣的視角，來整理「事故」這件事情。

沒有人會希望事故發生，但是卻總是無法使其絕跡。調查事故發生的原因，結果一定是人想像不到或是因為稍微失誤所造成。在此，先針對這種人為活動或是人類知識有限的地方做一些類別整理。

1. 學過但是忘記

任何生產作業都有一定的工作程序，驅動製造設備時，也會有一定的順序，會根據操作步驟與個別制定的操作方法。配置在現場的人員透過前輩的現場指導，或是藉由操作手冊、或者教育課程等方式逐步學習，最終達到能夠獨當一面的階段。如果確實依循前輩指導、以正確的程序進行操作，就不會造成失誤。然而，現場的操作程序繁多，比方說：反應槽的液量調整、加熱爐點火等操作就有

數十到數百道操作項目，如果要再細數每一個開關閥門或是指示計的話，一般來說可能有上千道程序。光是想到要讓這些操作「依操作手冊進行」就相當有難度。

為什麼這麼說，就是因為人類是健忘的動物。在龐大繁雜的程序中，很多案例往往只是因為忘記關閉一個閥，就導致大量洩漏而引發火災，造成寶貴的人命損失。

那麼，要怎樣才不會失誤、才不會忘記程序呢？第一個重點是不要死背操作手冊中的程序，必須去思考的是接下來是這個步驟嗎？為什麼必須先完成這個動作才能進行下一步？去思考那些程序上的意義，邊思考邊學習（Know-Why），邊思考邊操作。當然，也可以運用現場的告示標示、附有程序的點檢表，一一確認進行狀況或是採取二人共同作業等方式，許多方法都可以預防這種輕微失誤或是誤判。本來，作業人員就應當理解操作步驟的意義，思考該項作業的目的、該程序意義等。程序越多往往會越複雜，例如：對於穩定操作影響最大的部分是依據序向邏輯電路以及電腦程式化的操作支援系統等自動化工程的設備很多。但是，我們並不希望各位把所有責任都交付給機器。或許現在還沒有出現那樣的情形，但是當自動化系統狀況不佳時，產生的情況總是會特別棘手，因此仍希望大家能夠具備製程能夠手動操作的相關知識。

努力不要忘記，當然是必要的態度。還必須經常具備「自己或許會忘記」、「或許會弄錯」的警戒心，帶著戒慎恐懼的態度面對工作。

重要的是為了確實進行每一道程序，必須理解該作業之目的與意義、加強注意力。為此，實行「指差確認法[1]（手指確認程序）」或是運用點檢表單都相當有幫助。

---

1 審定者註：在各程序中以眼望物件、手指指著物件、同時口誦確認、心手並用及集中精神，以達到減少人為失誤導致意外的效果。

2. 不遵守指示

以團隊進行的工作，必須讓全體人員理解來自領班的指示，並且依照該指示執行。為了能夠按照計畫作業，個別作業如果無法依領班的指示進行，當然就沒什麼好談了。然而，只要有任何一個人不按照指示進行，就會造成混亂。當作業與計畫不同時，設備狀況或是操作程序必須依照領班的想法，如果全體人員共享的資訊內容不同，就會導致運轉上的窒礙難行或是混亂，不論在安全面，或是製造品質方面都會是致命的嚴重問題。

舉個例子來說，平常都是一人作業，因為臨時作業而加入且與平時不同的步驟，因此指定由兩人共同作業。然而，資深的員工卻獨斷地表示：「我已經習慣一個人作業了」就自己著手進行，就算已經被告知，和平常程序不同，還都用和平常一樣的方式進行下一個步驟。結果，平常都是關閉的「壓力釋放閥」突然被開啟，導致有害氣體洩漏，而因此將周邊的工程相關人員吸引過來、遭致無妄之災。像這種不遵照指示的失誤，經常是由對現場、作業特別熟悉的資深員工所造成。因為對作業內容太習慣，平常都是由一個人進行簡單作業，如果不嚴格遵守現場所發佈的其他作業指示，往往就會發生這類的事故或是狀況。

假設覺得該指示有點奇怪，覺得應該這樣做比較好時，就必須於事前提出建議、討論，然後在得出臨時結論，成為最終指示標準後，就必須嚴格遵守，這是現場作業的鐵則。

現場不允許埋頭苦幹不與他人討論、唯我獨尊、認為自己資深就驕傲的態度。

因為，在某種意義下，現場人員可以說就是拚命埋頭打仗的軍隊最前線。

雖然有時候不一定是不遵守指示，而是開始作業後發生超出預期的狀況，或是無法如預定作業進行時，就先進行。這時候亦不能夠自行判斷後直接開始，而是必須先暫時中斷作業。一旦發現指示內容有任何奇怪之處、設備或流程狀況與認知有所不同時，必須再次與相關人員驗證該狀況，以確認該作業的真正狀態與安全性。

現場作業必須嚴格遵守領班所提出的指示。如果覺得狀況有異，必須事前討論、確認到大家都可以接受的狀態。著手開始進行後，與預想的狀況有異狀發生時，則必須中斷作業、重新檢討方法。不能夠只在現場悶頭苦幹不與他人討論，覺得自己資深而冥頑不靈。

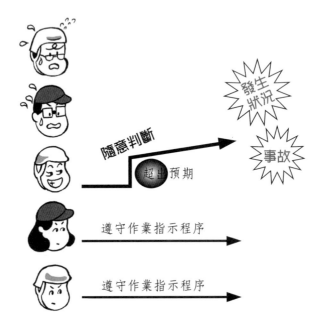

怠忽職守是大忌

　　有一件事情對於當時擔任大型生產設備建設的專案之主要負責人的我而言，感到相當緊張。

　　那就是該工廠準備迎接從未有過的大型壓縮機試運轉。雖然負責過基本性能設計、決定規格後下單訂購、與製造商談判及溝通交期等事務，但是因為是第一次到現場試運轉，在既興奮又緊張的狀態下，我前往壓

縮機室。相關人員齊聚一堂，終於要開始試運轉時，上頭突然下達指示：「你站到開關那邊，並且打開啟動開關。」。

於是我用誠惶誠恐的心情按下了開關。輕快的聲音漸漸響起，轉軸（Rotor）開始提升迴轉速度。終於達到設定的迴轉數字時，年輕的負責擔當向我報告：「第2軸承的振動數值稍微高了一些……」。由於在運轉前的最終校正（alignment）時有點辛苦，這時心裡想說：「果然發生了……」，就從年輕負責擔當手上拿了一個簡易振動測量計，自己親自前往確認。結果，數據的確是有點高。那麼，第3軸承的狀況如何呢？假設是校正問題，第3軸承的震動應該是水平方向數值也會升高才對……。一邊思考這些事情後，測量第3軸承的振動狀況，數據卻不高。這樣一來，就要判斷受到第2軸承的振動影響，整體的溫度無法均衡。為了整體均衡，所以就必須繼續確認第1軸承、第4軸承、驅動機軸承、底部、出口等的振動數據是否脫離預設值。在這過程中，有問題的第2軸承振動情形趨緩，終於按照預定時間完成耗費兩、三個小時的試運轉。

大型機器的試運轉平安結束，當我意氣風發地回到辦公室時，等待我的卻是主管嚴厲的斥責。當時的我相當驚訝「為什麼會對我這麼生氣呢？」，主管對我說了

以下的內容。

「我應該是叫你站在開關旁邊吧！表示我指派給你的任務是萬一試運轉時發生任何事情，你就必須判斷是否切斷開關。沒想到你卻為了一件年輕負責擔當也可以進行的振動檢測而擅自離開開關位置。如果這段期間發生什麼事情該怎麼辦？因為沒有辦法，結果變成是我守在開關那邊。」

這一番言論簡直是正確到令我無法反駁。讓我重新徹底了解不該忘記每一個人所處的立場、負責的業務及其責任，就擅自判斷與行動，這是身為一個組織成員絕對不該犯的錯誤，也是我年輕時期的重大敗筆。

3. 根本不知道

　　現在大家都會不斷地在安全方面進行確認，但從詳細的事故原因分析來看這幾年發生的化學工廠重大事故，經常出現場作業人員的知識不足、經驗不足等本質上的弱點。作業人員未深入了解自己經手處理的過程、對於原料所具有的潛在危險性或是反應異常的可能性認知不足、對於現有流程的緊急停止相關設計概念解釋不足、貫徹變更管理以及公告周知不夠周延、沒有充分教育、對規則真正的意義理解不足等，往往會誘發一些不發則已，一發驚人的重大事故。現場以及相關管理部門如果能夠再稍微深入考量、提高涉入的深度，或許就不會有這麼多遺憾的事例發生。確保現場安全的前提假設是對於規則以及作業程序的意義、背景，甚至是設備／裝置的設計概念、運轉要領（操作手冊）等都必須確實教育、傳承、理解，上述這些概念雖然是操作人員本身必須去特別鑽研的事情，但是也應該從本質上思考如何培育管理階層中的重要成員以及作法。前一章節中我們談論過「規則」在本質上的目標以及對該規則意義的理解程度，都會影響相關人員遵守該規則的態度。待發生事故或是狀況後，才第一次注意到「繞了一大圈，這個程序原來是這個意思啊！」或是「這項作業

要領的意義原來是這樣啊！」等已經太遲。

此外，雖然知道一些基本的狀況，但是實際到了現場，很多時候並沒有那樣的智慧足以去思考、判斷該道理。例如：在遠超過耐震設計負重的滿水狀態下，發生地震時，認為耐震強度不可能不夠，只要在負荷下降的蒸餾塔上，增加煮沸的蒸氣量就必然會達到最高溫度，因此只要讓會造成內部液體冷卻的液體停止循環，局部溫度就會上升。

事後回想起來覺得理所當然，但是實際上發生的狀況卻是「雖然知道，但是沒注意。」、「沒設想到那種程度。」等。

現場出現的各種現象，說穿了都和科學原理原則連動。即使將靜置液體的上方（水面）加熱，整體的溫度也不會上升。比重較小的液體會浮在水面上，但是比重較大的液體則會沉入水裡。高壓會想找出口變成低壓。這些原理原則基本上大家都知道，但是同樣的原則也出現在複雜的生產設備中。不過，因為一時不察，結果導致事故發生的案例也相當多。請千萬別忘記，在心中放妥一個現場一定會依照科學原理原則的概念，即可預防因為「沒想到，沒注意到。」而發生的憾事。

　　為了不要在發生事故或是狀況後，才說自己「沒想到」、「沒注意到」，必須保有用「原理原則」去確認規則或是操作方式的習慣。此外，在經歷事故或是狀況時、聽到其他公司的案例時，都要經常用「我們是否有正確地學習到這些事件？」、「這是否是截至目前為止都沒有注意到的事件？」這樣的觀點去檢視。

　　希望管理部門可以讓員工確實在現場進行機器運作的操作型教育，同時給予作業人員思考為什麼要那樣做、為什麼不能那樣做的Know–Why的機會。再者，也必須在現場強烈要求每一位作業人員務必只能夠依科學的原理原則進行相關作業。

4. 知道，但是覺得無所謂

這種心態與只是偶爾在某些時刻忘記，或是在無意識中沒有照規則進行等不小心失誤不同，本質上並不太好，卻是很容易出現的行為。嚴格來說就是「惡意」，或是無視於規則的「抄近路」行為，也可以說是一種「知法犯法的行為」。根據許多案例，事故發生後聽到的理由往往是：

「我雖然知道與規則不同，但是覺得這種方法應該也可行。」

「平常都是用這樣的程序。但是卻沒特別注意好像與規定有點不太一樣。」

「過去已經用同樣的方法進行過好幾次。覺得規定好像有點太多。」

「不過就是稍微需要碰一下的開關，卻需要這麼迂迴到上面的樓層操作，真是麻煩。」

因為自行判斷「過去都沒有問題」、「我這麼資深，這種程度的操作沒問題的啦！」，而自滿或漫不經心，覺得「這樣就可以了」、「那樣真麻煩」。人類很容易在逐漸習慣的過程中想要便宜行事，明明了解該工作的難易度與訣竅、重點，卻想自行利用自己的方法與程序進行，這

是非常恐怖的一件事情。雖然平時沒有特別意識到這件事情，但是規則的制定終究是為了符合工程目的。而且，很多時候，還必須加入預防曾有失敗再度發生的因應策略。因此，在那樣的規則背後其實隱藏著正在萌芽、與我們相當靠近的危險，我們卻因為習慣與長時間沒有發生而逐漸將其遺忘。

結果，導致許多事故發生的直接原因往往與人有關，那些抄近路的行為或是明知有規則卻不願遵守的行為往往會成為事故發生的開端。

某間辦公室正在對忽視規定的重大虛驚事故進行反省，現場設備操作人員表示：平常我們都無視於規則進行或是抄近路的項目，檢討下來總共有數十件。注意到這些問題的管理部門要求所有製造部門進行相同的抽檢，且各個製造部門都抽檢相同的件數。發現其中約有一半減少工序、忽視規則。另一方面雖然也有類似沒有爬至配管上方就無法操作的作業或是必須將身體超出扶手護欄才能摸到的操作寫在操作手冊內，要能夠完全依照操作手冊規定的指示處理設備的狀況，說實話相當困難。依照操作手冊，必須稍微勉強將手伸出才能碰觸操作點，或者特地回到地面，然後再從另一個階梯往上爬等，這些是現場工作人員喜歡的嗎？未考量現場人員實際操作時的心態，所寫的

操作手冊，比比皆是。管理部門是否對於現場操作確實掌握，也是要反省的地方。雖然不能允許抄近路或是無視規則的行為，但是我們可以從這些行為中發現，如果規則不是作業人員容易接受的方式，往往會很容易被遺忘而想混水摸魚、自認為即使不遵守規則也得以完成相關作業，因而想在廣大的作業現場走一些旁門左道。如同前述辦公室的情形，除了要滅絕員工忽視規則、自行省略等行為，要求員工將這些視為職場必要的態度外，也必須要改善一些不友善的設備規格與規則。

關於事故、事件發生的直接原因，我們經常會提到的是忽視規則、抄近路等行為。現場絕對不容許發生忽視規則、抄近路等行為。然而，從人類的天性來看總是希望盡可能輕鬆，因此往往會因為習慣而容易陷入「這樣做也沒關係」的驕傲自滿心態。當一些作業無法符合規則與現場狀態，或是一直無法理解規定的背景以及意義時，就很有可能會因為一時頭昏腦熱而忽略的狀況。管理部門、現場作業人員都必須遵守現場規則、作業要領、作業基準，藉此持續檢驗、提升規則實行的確實性。

　　另一方面，應該用一種更崇高的意識態度：「忽視規則是一種背叛自己的行為」，在現場扎根，並且期望與製造業相關的所有人員都能以此為努力的目標。

5. 知道,但是做不到

知道規則,也能正確理解該規則的意義,想照實遵守,不過卻辦不到。覺得很後悔,不過這樣的狀況卻經常發生。

這是一件發生在樹脂工廠的經驗談。該項作業是押出機高溫熔融樹脂出來後,迅速浸入冷卻輪或是水槽,並且開始進入切粒機的製程。因為看過前輩大顯身手過好幾次,覺得自己應該也可以辦得到,沒想到卻做出排放速度變慢而結塊的樹脂,最後終於醒悟自己還抓不到要領,為了熟練只能不斷練習。之後再詢問前輩才發現,前輩也曾下過一番苦心在我自己也不知道的難處。樹脂結塊雖然可以就當作報廢品,但是如果作業時反應條件激烈變動、或者出現失控反應、大量洩漏等相關狀況發生,就會造成相當嚴重的問題,這是筆者的失敗經驗。

新官上任三把火的主管會直接讓新手自行進行變更處理。由於主管自己已經有過好幾次的經驗而覺得理所當然,認為別人應該也要知道,因而沒有進行整個作業的說明。然而,新手並沒有意識到這個部分,當然無法一一進行必要的操作,結果就因為洩漏而引發小火災。因為自己可以做得到,就認為所有成員都能辦得到,是領班主管的

失職之處。

　　還有一種情況就是在一般狀況下，往往會對欲進行的作業誤解自己的能力。譬如搬運重物而跌倒、引發腰痛的案例。一般人可以在不勉強的狀態下，搬運最多15～20公斤重的物品。

　　因為年輕而對體力有自信、勉強自己的結果就是造成腰痛。經常聽到用不安全的步行方式運送檢測用試劑以及物品，結果導致物品摔落毀壞，原本自認為是善意而勉強自己，結果反而造成職場上的困擾。

　　先搞清楚什麼是自己一定要做的事情、評估自己的能力，以及同事、下屬的能力，確實進行安全作業才最重要。

　　進行作業時，最重要的事情是必須明確認知自己的能力、銘記設備的設計規範（也就是說設備本身所具備的能量）。如果不了解自己有多少斤兩，即使是善意而過度努力，過度信賴或是認可團隊其中一人的能力，都是日後經常造成意想不到狀況或是發生事故的原因。

Chapter 3

發生流程事故的情況

雖然從人類的心理面來看事故發生的相關類型，發現根源就是要把人員管理妥善。但是，在本章節中也試著整理出在發生流程事故時應特別注意的設備狀況。

1. 何種情形下會發生洩漏？

如圖3-1，我們知道一場高壓氣體事故，約有9成是因為洩漏。一般而言，幾乎所有造成爆炸或是火災都是因為洩漏問題，洩漏物質著火、或者爆炸，所以不洩漏，就不會有事故。

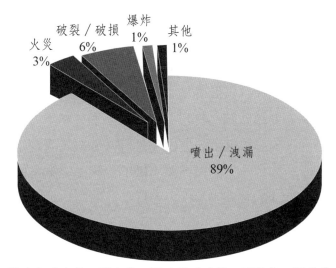

出處：依據日本高壓氣體保安協會資料庫內容重新整理

圖3-1　日本高壓氣體事故分析（2011年～2016年）

因洩漏問題而讓流體擴散到相當大的範圍，進而造成環境危害；流體所造成的化學灼傷問題，最根本的原因也是洩漏。

因此，除了異常反應、失控反應等特殊的狀況，大部分的流程事故如果能夠避免洩漏即可防止事故發生。另一方面，在製造相關的設備時，基本上在設計原理上是為了能夠維護內容物、提供出製程反應及其他處理條件。也就是說，必須維持設備內部環境，要能夠截斷與外界的接觸，這是基本條件。如此一來，所以會發生洩漏，極可能的原因是：設計失誤、發生超出設計條件的狀況；或者，無法妥善維持管理該設備當初的設計理念等。

在設計過程中沒有充分針對強度問題進行檢討、因選定使用材料有問題而導致設計管理不良、在製作階段時出現焊接或是組裝、安裝等施工管理不良問題、忽略因腐蝕或是磨耗等而導致結構材料劣化以及隔熱材料下方的外部腐蝕情形、對於塗裝劣化置之不理等設備維護管理不良、人員操作失誤等，上述與洩漏有關的原因最終通常都可以歸咎於人為面的管理不足。

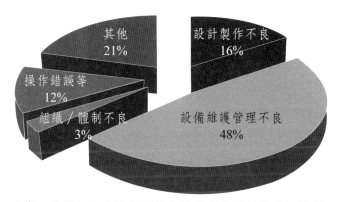

出處：依據日本高壓氣體保安協會事故資料庫重新整理
圖3-2 洩漏事故發生原因分析（2011年～2016年）

　　如圖3-2所示，80%的高壓氣體事故發生原因都與設計、製作、設備管理、錯誤操作與判斷錯誤等人為失誤相關。

　　洩漏，可依發生形態區分為三種。一是因腐蝕、磨耗、疲勞等導致容器主體喪失耐壓氣密功能，二是法蘭（Flange）等的鎖緊部位、管路等開關部位或是軸封等的密封（Seal）部位，也就是將原本的開放部位密封起來之處，第三就是包含液封、外部衝擊等操作錯誤的人為疏失，造成的設備破損。

　　在此必須思考各個位置導致洩漏的發生過程。也就是說，如果能夠做好預防就不會出現洩漏情形、不會導致事

故發生。

(1) 本體的洩漏

如果設備共用，只要有大小差異就一定會發生劣化。這是無法避免的事實。即使劣化，該劣化狀態也必須在可預測範圍內、必須可以維持設備的功能（耐壓、氣密、處理性能等）、不能夠對生產造成阻礙，在容許範圍內維持這些設備功能，就是所謂的「設備管理」。理論上，必須全面性掌握腐蝕、劣化、磨耗等因環境所造成的現象並預估該劣化狀態的時程進度，根據該預估進行適切的管理[1]，即可在不引發洩漏等異常事件下，持續供作使用。然而，由於各式各樣的因素交織，因設備本體劣化而導致的洩漏，約占洩漏事件的一半。該原因往往是因為設計不良、製作不良、劣化（腐蝕 振動等）等管理面的問題。

在此正式開始本章節的主題：「何種情形下會發生洩漏？」，同時舉出一些特別是現場負責人必須要知道的洩漏案例。

【內部的劣化】

①**液體長期滯留處**：僅在開始時使用的旁通管（By-

1　設備管理領域中，通常指全面網羅性、預估性、管理性。

pass）、不常使用的儲槽間的連接配管、備用泵浦與常用機的連接配管，在諸多情況下當時所使用的液體都會直接滯留在這些配管裡。雖然原本使用的就是耐腐蝕性的配管材料，經過一段時間，廢液、汙泥等沉澱物不斷產出，囤積在底部，就可能在下方形成一個意想不到的腐蝕環境。和一般使用時比較起來，該處的溫度會比常溫來得低，也是會成為腐蝕環境變化的主要原因。期望

各位在進行現場檢查時，能夠意識到這些有流體長期滯留之處。

②**空管配管（安全閥啓動時才有流動，平常是空的）**：雖然還算是常用的部分，但是在流體主要流動路徑以外處，往往會發生意想不到的腐蝕情形。所有的閥門、計量器的附屬排放孔、導流排液孔（drain nozzle）、排氣的排氣孔、控制閥旁通管等，這些都是主要管路分支的部分並不會有液體流動。也就是說，來自母管的熱源或是新的流體供給都會在此停滯。這樣一來，就必須意識到可能會形成與母管有所差異的腐蝕環境。這些噴嘴內雖然僅有少許腐蝕成分濃度的高溫氣體，原本可以忽略不計，但是經過反覆冷卻、凝縮的結果，往往會造成腐蝕成分濃縮、使得排放口嚴重腐蝕而發生洩漏等災害。

③**內部流體的液面附近、開放時只能看到水垢結垢（scale buildup）等處**，因反覆蒸發、凝縮而造成腐蝕成分濃縮，也是容易發生劣化損傷之處。此外，機器的焊接線及其周邊會在製作時受到熱影響，因此金屬特性以及表面屬性通常會發生變異，希望各位能夠意識到以下幾種劣化損傷的可能之處。

【外部的劣化】

④**隔熱材料下腐蝕**：許多報告顯示當雨水進入隔熱材料以及本體之間，會導致材料腐蝕而發生洩漏等事故。最近許多業者進行檢討以及檢查時，深感事實真相往往會被遮蔽。這種腐蝕狀況的重點是：(1)隔熱材料，特別是該外裝的損傷部位、(2)配管支撐架、機器支撐架等隔熱材料以及外裝被加工之處、(3)隔熱（外裝）密封發生劣化之處等，雨水會從該處侵入至隔熱材料，並且形成一個濕潤的環境，必須特別注意。狀況發生的原因是侵入的雨水會弄濕母材表面，並且在該處形成腐蝕的環境，所以腐蝕情形並不限於外部包材劣化處的正下方處。滲透至配管的排水管等隔熱內部區域的會因為雨水滯留而長期處於濕潤環境處，因而提高腐蝕可能性。濕潤環境也要有一些發生條件，母材表面溫度超過150℃的流體幾乎不會發生這種現象。應該考量的是使用溫度為數十度～130℃左右，經過隔熱施工的配管或是機器反而具有潛在風險。為了避免這項風險，如果是沒有必要維持溫度的高溫配管並不需要進行隔熱施工，可以採用包裹預防燙傷的金屬絲網的方法。

⑤**塗裝劣化**：除了不鏽鋼製的設備，一般鋼製設備會進行塗裝以預防暴露在風雨中遭到腐蝕。然而，由於並不了

解塗裝劣化的緊急性，往往塗裝修補事務都擺在後面。希望現場負責人可以了解並且注意塗裝劣化之處將會是洩漏風險較高的地方。特別是配管或是機器的支撐部位與構造相當複雜，乍看之下並無法確認細節的部位、雨水容易滯留等處皆必須特別注意。有個案例是鋪設在油槽區的地上配管經過長時間後，地面與配管底部之間有砂石堆積，造成該處腐蝕、以至於油品洩漏。這個案例配管周圍長滿雜草、配管下半部埋在砂石裡，因此很難發現狀況也是原因之一。

⑥**鹽分的影響**：靠近海岸的設備，建議也要考量以下的外部腐蝕情形。一個是因為海水鹽分與吹拂砂塵而造成磨耗、管壁腐蝕。另一個是鹽分所造成的不鏽鋼應力腐蝕破裂情形（Stress Corrosion Cracking, SCC）。

前者雖然不會導致急遽的洩漏情形，但是根據筆者的經驗，碳素鋼製配管、外側（靠海側）的厚度減少速度會是相反側的數倍以上，應該要有計畫性地全面更新。後者如其名稱，是受到鹽分影響，特別容易破裂在焊接處、配管彎曲處等有應力殘留之處。破裂會導致機械強度下降，如果該破裂貫穿配管即會造成洩漏，絕對不能輕忽。必須與設備管理部門合作，預估該風險、進行設備觀察，視必要情形進行健全性確認等。詳細內容請見相關專門文件，

如果是氯化物，不論設備內外側皆容易造成不鏽鋼的應力腐蝕破裂現象，建議現場相關人員必須擁有相關知識，學習該生成原理、了解其危險程度。

(2) 來自鎖緊部位、軸封部位等的洩漏

法蘭以及鎖緊螺絲的連接部位，原本就是一個開口，因此可以在此使用適當的密封裝置，作爲防止洩漏之用。還必須視內部壓力、溫度、腐蝕性等流體特性，以及開口部位形狀及尺寸等，選擇適當的墊片（gasket）等密封材料、密封裝置以預防洩漏，其基本原理在於鎖緊扭力與金屬接觸的緩衝材料，也就是墊片的性能（耐腐蝕性、耐熱性、彈性、形狀密合性……）平衡狀況。也就是說，一旦失去平衡，各種條件就會因爲偏離適當值而導致洩漏。從現場的角度來看，重要的是必須知道何時會失去平衡才行。接下來，讓我們談談法蘭部位會發生洩漏的情形。

主要原因是鎖緊扭力不足或是變動、因墊片劣化或是不適當的選定等。

①**不適當的工程（1.法蘭的夾力不均勻）**：經常看到的案例，往往是因爲粗糙馬虎的工程，導致法蘭夾力不均，原本緊度應該均等的墊片鎖得不均勻或是部分鎖緊的扭力不足。相反的，也有鎖得過緊，導致墊片變形破損，

而從該處洩漏等案例。必須在適當的鎖緊扭力下，讓法蘭各處鎖緊的力量維持均等。大口徑的法蘭或是容易洩漏的流體用法蘭通常會進行鎖緊力矩管理，以提升鎖緊扭力的精準度。

②**不適當的工程（2.墊片安裝錯誤）**：墊片可以依內壓或是流體狀況，選擇各式各樣的形式。這個選擇當然非常重要，因爲口徑較小的配管墊片，乍看之下通常沒有什麼太大的區別，因此經常發生弄錯尺寸、墊片安裝位置偏差、無法確保充分密封性等情形。此外，許多工廠也曾發生螺旋形的金屬製墊片因爲同是金屬色而誤裝不同材料，啓動後誘發腐蝕洩漏的案例。每間公司都爲了避免安裝錯誤而下很大的功夫，然而還是會經常聽聞這些事件發生。

③**鎖緊扭力的變動（1.溫度變化）**：考量使用壓力、溫度、腐蝕性等內部流體變化時，必須再三確認墊片的選擇是否適合。這個部分是設計上的問題，也就是必須將其視爲變更管理進行因應處理，在此應該更了解現場狀況，描述溫度變化會對法蘭鎖緊扭力所造成的影響。

即使在常溫下鎖緊時的氣密測試沒有問題，開始使用後隨著內部溫度上升，法蘭或是固定螺栓的溫度上升時，只要金屬膨脹就會造成鎖緊扭力變化。爲此，開始使用後

就必須增加鎖緊扭力、熱鎖（hot-bolting）。所謂的「熱鎖」不單只是鎖緊就好，熱鎖這個動作是隨著溫度上升導致熱膨脹而使鎖緊扭力下降的補償因應措施，因此實施後必須確實讓該處法蘭或是螺栓的溫度達到預定值，在溫度尚未達到預定值時進行鎖緊作業，之後等法蘭溫度上升時，反而會因為沒有熱鎖，而導致洩漏事故。這個案例告訴我們法蘭的溫度管理對於預防洩漏是相當重要且微妙的事情。過去還曾發生以下案例：希望流體是高溫氣冷或者為了早期發現洩漏等理由，所以並未對法蘭進行隔熱，結果因為猛烈的午後雷陣雨導致急遽冷卻而洩漏等案例〔雨水從上方地板排水孔（Weep holl）落下後直接淋在法蘭上的案例〕，以及作業人員無法理解（Know-Why），隔熱外裝的氣密性防水蓋[2]（weather seal）的原理以為是工程上的缺陷，填充了斷熱材，而導致法蘭溫度比原來的溫度大幅提高，而發生大量洩漏問題。

---

2 為了避免受到風雨影響，導致法蘭溫度驟變，而在法蘭上方覆蓋保護用的蓋子。內側通常是空的，並設有可以幫助空氣流通的風洞。

此外，不論是否因緊急停止，而使高溫的內部流體停止流動，持續將少量常溫輔助藥劑從「藥劑注入管線」注入配管的結果，也會使得附近的限流板法蘭（Orifice）部分冷卻，內部流體就會從限流板洩漏而導致火災等，法蘭溫度急遽變化有時會導致意想不到的洩漏問題。

④**鎖緊扭力的變動（2.力量）**：除了溫度變化以外，法蘭鎖緊扭力的變動也會產生一些作用。例如：內部流體壓力變化、因外力等因素而改變對法蘭部位施加的力量等。前者會因為被封住的液體膨脹而導致法蘭發生應力變形或是因該墊片破裂而導致洩漏，後者通常是因為人員壓到小徑管而產生的力量、因熱應力而造成，或是受

到車輛等物品衝撞而導致的情形。

⑤**墊片劣化**：設定好墊片彈性、形狀密合性等與密封性能相關功能時，的確能夠充分發揮其特性。但是，一旦從這種拘束的狀態解除，墊片往往無法恢復至初期狀態。因此，基本上不建議墊片重複使用。此外，依使用條件及使用環境，也可能因為長時間使用而使墊片性質劣化。

這時應該檢討是否要針對所有墊片進行更新。

⑥**軸封部位**：通常在即使一點點洩漏也不行的設備上，大多採用無軸封（譬如無軸封泵浦（non-seal pump）等），不過也有採軸封的，如果有軸封的話，一般會使用機械軸封（mechanical seal）或是可以容許少許流體洩漏的較為便宜的填料軸封（gland seal）。倘若無軸封設備出現洩漏狀況，就必須由專門部門進行修理，填料軸封的原理是讓滲漏至內部的流體成為一種潤滑，藉此防止墊片（packing）磨耗，並且去除因滑動所造成的熱源。這樣一來，完全抑制洩漏反而會成為問題的根源，因此必須避免，根據操作標準的日常管理，填料軸封的填補拴緊等會比較容易實行，必須將此視為現場管理項目，並且予以維持。

(3) 因操作失誤而導致的洩漏

因操作或是作業上的失誤而導致洩漏的狀況，往往是因現場作業人員個人行為所導致。許多狀況是忘記關閉閥門、因驅動電源系統關閉處置方式不周延，結果意外開啟自動控制閥門等，而從意想不到的地方發生洩漏。前者是忘記關閉儲槽或是配管的低點排泄閥、排氣閥等，就讓機器直接開始運轉，不過這種較大量的流體洩漏也是經過一段時間後才會被注意到。而後者是因為工程或是其他任何原因導致自動控制閥的開關啟動、自動控制閥開啟之後而導致內容物洩漏，依當時狀況，很可能會出現大量高溫、高壓流體噴出的情形。

其他在因為操作失誤而導致洩漏的案例方面，還有「液封」。原本應該要打開的閥門結果忘記開啟，導致內部形成一個密閉空間，使得非壓縮性流體溫度上升造成體積膨脹而破壞配管系統、導致洩漏。不論如何，製程的路線、工程安裝等應注意的事項都是現場的重要責任。如果發生錯誤，就不僅止於洩漏問題，還會成為發生各種流程上的不適當狀況，因此務必要留意現場的相關事務。

(4) 因振動而導致配管等的破裂斷裂與損耗

雖然不是因為人為操作失誤，但卻是可以藉由仔細觀

察現場狀況而預防的洩漏事件。原本以配管為主的工廠內結構物體都會確實固定，但是只要啟動設備，用手觸碰即可感受到其振動程度，不過通常也不會出現眼睛看得到的更大振動。然而，在往復式壓縮機旁等振動幅度較大的機器周邊，卻能夠看到閥門等重物前端的排放孔，或是支撐間隔口徑較小的配管等出現大幅度振動。之後，排放孔根部折斷，搖晃已久的配管就會與支撐點或是其他結構物體接觸處磨耗，而導致開口洩漏事故的案例時有所聞。最了解現場狀況的是每日值勤的現場負責人。倘若發現一些搖晃情形比較大的地方，可以借助設備部門的力量，確認其健全狀況，必要時也可以增設支撐點、進行補強等因應對策，應該就可以防止洩漏的情形。

　　高壓氣體事故有九成都是因為其他的流程事故所導致，而且幾乎都是從洩漏開始。大部分的洩漏形態都可以被分類在此處所列舉出的分類內。其中最常見的是藉由現場細部觀察、安全檢查履歷、生產設備狀態而推測或是發現到的區域。期望現場操作人員、安全檢查負責人能夠盡最大努力，使用所盡知的知識、發揮觀察力，以預防洩漏事故。當然，如果可以的話也可以盡量運用人工智慧（AI）、大數據（Big data）等最新技術。

2. 何種情形下會起火？

　　工廠內部通常都放有大量的可燃物。因此，一旦遇到前述各種狀況、導致洩漏後，就極有可能點燃這些可燃物、造成重大事故。為了避免發生這類情形，必須有靈敏度，在現場作業時能夠隨時掌握狀況，知道在怎樣的狀況下會起火。只要能夠知道起火的原因，就能夠預防起火的狀況。

　　眾所皆知，燃燒必須要有可燃物、助燃物（通常為空氣或是氧氣）[3]、火源等三要素。現場通常都會有可燃物或是洩漏情形、空氣也就是指氧氣，但是要達到燃燒狀態，還必須要有火源。

　　現場的火源是指什麼呢？一個就是高溫。只要遇到超過可燃物起火溫度的高溫金屬表面或是蓄熱處，就會從該處開始燃燒。加熱爐冒出的火焰或是正在燃燒的火焰也都是因為這種原理。此外，電器發出的火花（spark）、

3　自燃性：燃燒三要素中的助燃物，一般通常指的是氧氣，但是氟或是氯也都是助燃物。此外，即使沒有氧氣等，部分特殊氣體也會自行分解，成為可燃物質（自燃性）。雖然有些特殊案例可以提供，但是關於這個部分務必自行確認操作手冊或是經手物質的相關資料。

不明原因導致金屬互相衝撞而產生的火花等也都會成為火源，較少見的打雷也會是一種火源。期望藉由要求電氣設備符合防爆標準、設定金屬工具的使用規定、要求加熱爐周邊設置防火防焰護網等將火源排除、或者失效。在各種設備上裝設接地線、或者進行工程時設置用於電焊的迴路，也是防止電路火花或是防止迷走電流（電流洩漏）造成火花的方法。

然而，最令人擔心的是因為各式各樣的原因而到處帶電的靜電問題。希望各位能夠對這件事情有所認知，可能會因為作業人員本身的行動，而不自覺帶電、成為起火源。很多工廠的因應策略是規定作業人員所穿著的作業服或是作業安全鞋之規格必須是防靜電等級。因靜電或是迷走電流等最後可能引發火花、成為火源，希望各位可以確認平臺上的階梯扶手護欄是否有去除靜電功能，將我們個人本身去除靜電、預防發生火花等因應策略措施。

靜電會因為剝離或是摩擦，而使電界發生變化。乾燥會助長靜電發生。發生之處如果是電力導體，或是該處有接地線，將靜電釋放的話，反而使電力絕緣處帶電，並且莫名地會從該處放電、成為起火源。有機物流體的電力傳導度通常不快。因此，有機物會因為流動造成摩擦而帶電。儲槽的接收配管前端或是安全閥的排出管等都是應

該注意的靜電發生處。發生靜電時，如果是金屬容器，會自行逐漸放電，但是如果是樹脂製的容器或是內襯（lining），基本上很難自行放電，所以要重新確認因流體的使用與操作而帶有的靜電問題。

　　燃燒（起火）必須要有三要素，想要持續燃燒，也必須持續供應這三要素。只要能夠阻隔這三要素中的任何一種，就可以停止燃燒。只要沒有可燃物，就會停止燃燒。燃燒是指自體產生高溫而持續起火的現象，可以藉由灑水降溫等去除燃燒條件，切斷持續燃燒的狀態。起火的天婦羅鍋只要蓋上蓋子即可，這個原理放到工廠就如同用泡沫滅火器或是二氧化碳滅火器等方式，也就是利用截斷助燃物（氧氣）來停止燃燒的方式。

　　本章節從如何會起火的觀點來描述，為了避免發生火災，最好回到「起火」的狀況。為此，請各位從日常生活中去思考，怎樣的情形才會起火？怎樣的方式才不會起火？希望各位都能夠學會洩漏後不會起火，或者即使起火但是沒有擴大的因應處理方法，以及驗證滅火、抑制火災方法，並且持續接受訓練。

Chapter 4

發生職業災害的
情況

到目前爲止，我們已經從人類心理以及流程條件等檢視「爲什麼會發生事故」。在本章節，我們會針對那些造成許多前輩們痛苦回憶的職業災害事故進行整理分析，「爲什麼會發生事故呢？爲什麼會導致事故呢？」。

1. 是否會被捲入？被夾入？

製造現場最常見的事故之一就是被夾入、捲入。成品輸送帶（belt conveyor）上出現可以用手就拿得到的小異物。現場操作人員肯定都會想要把該異物取走。事實上，許多前輩也都是用這種方式在維持產品品質。不過，倘若當時手指、上衣袖口或是捲在脖子上的毛巾被拉扯到，手指、手掌、手腕，甚至是身體都有可能因此被捲入輸送帶內，造成重大災害，或是導致一條性命殞落，這類案例不勝枚舉。曾經有一個案例是用拭油專用紙擦拭附著在輸送帶表面上的油漬時，手與該拭油紙一起被捲入，或是注意到正在捲軸中捆捲的薄膜上有一些皺褶時，忍不住想拉平整而將手伸出，最後被捲入而造成重傷。「機器運作中不可將手伸出」、「如有必要，應先行停止裝置再進行因應處理」，這些話一講再講，但是真正站在操作中的機器設備旁邊時，任何人都會覺得：「不過就是撿一個小垃圾罷

了」、「在被捲入之前，我自己會把手抽回」、「這樣小事，不要一直停機、開機的」。然後，不管是幾千次還是幾萬次，只要遇到一次，同事或是前輩的手指、手腕，甚至是身體就這樣沒了。運轉中的機器就算速度再慢，機器力量也是勝過人類力量。這和孩子的玩具或是小模型、實驗室的小型馬達完全不同。工廠的轉動機械即使是最小的，也有一匹馬力。

現場有好幾個可能會被夾住的地方。與被捲入的情形一樣，運轉中的機械設備在其運作範圍內，也會有幾個可能會被夾住的地方存在。光是站在往復式壓縮機的活塞桿（Piston rod）及沖床機械等周圍，用眼睛盯著看就會湧現一種恐懼感。由於過去發生過相當多的事故，所以有確實設置遮罩，沖床等也設有雙手必須同時按下開關，否則無法動作的安全工程因應對策。不過，也有一些是動作不快但是仍會運作的機械、開關門的鉸鏈（hinge）、貨物處理場以及倉庫貨品進出、積載、堆高機（Forklift）運載重物等，很多人都會認為這些「運作很緩慢，所以沒關係吧！」或是「我在被夾入前就會抽手了」等都是很恐怖的工作態度。

　　幾年前日本曾發生商業大樓大型旋轉門夾住孩子的悲慘事故。雖然旋轉門的動作並不快，但還是因重量變為力量，帶來超出你我預期的負荷。就算是在倉庫內由堆高機所搬運的太空包（Flexible Containers），一旦被夾入，以人類的力量而言還是甚麼都不能做。受到強風襲擊而突然關起的門片也會因為力量過大而造成人員手指受傷。只要這些事故的發生，就只能說「不就是理所當然的嗎？」。筆者年輕時就曾在作業現場親眼目睹一件因為機器被大型起重機（crane）吊起後稍微有所搖晃，快碰觸到主體鋼構扶手邊緣時，新進員工想要抓住扶手，沒想到因為無

法控制，結果導致手被夾在機器與扶手之間而骨折。此外，也經常看到自己把手指夾住的事故。使用開關閥的扳手打算打開閥門時，因為太過用力，用法不當，導致手指或是手掌被夾在旁邊的架臺與配管之間。或者為了鬆開螺栓而使力，卻因為沒有抓好扳手而偏離歪斜，結果夾傷自己。不論是使用大型起重機（crane），還是小型升降起重機（hoist），都曾有過手指夾在上升夾具與固定用鋼索（wire）之間，或是被夾在運搬物之間的案例。我們可以從一般現場作業，學習到許多過去的失敗經驗，期望各位能夠在進行日常現場作業時，意識到這些恐怖的事物。

不要把手伸向任何正在運轉中的東西。不要靠近正在運作中的重物。不要讓自己陷入會被夾入、捲入的災害狀態，這是鐵則。「可以」、「好像可以」、「還來得及」、「總覺得要做些什麼」等善意的想法不僅會付諸流水，幾百次的僥倖只要遇到一次就可能造成相當嚴重的後果，因此千萬別忘記工廠或是周遭環境最有可能為自己帶來重大影響。

期望各位能夠意識到正在運作中的機器「最恐怖」。

2. 如果機器正在運作

　　停止中的機器突然運作起來，在機器旁邊的人一定會嚇一跳，在當下就會想去觸碰該機器的可動部位，更極端的是想要進入動起來的機器內，確實會造成重大職業災害。在製造現場時，人們遇到這種機械突然啟動的狀況有三種。一種是進入像是機械手臂等可運作可動區域內；第二種是基於某種理由，設備設定到自動啟動而啟動時；第三種是因為維修等而需要處理該機器時，沒有在電氣室或是中央控制室確認現場狀況，僅用遠端操作啟動、給予電源。

①**運作中機器的可活動區域**：過去，在產業用自動機械開始大量出現在製造現場時，經常聽聞作業人員被機械手臂打到、衝撞等事故。然而，最近這類機械可活動區域，都有用扶手護欄等做出明確的區分，該場域幾乎都會設置極限開關或是各種感應器等，只要一進入該區，讓機械自動停止、連鎖（interlock）。即便如此，各種事故還是時有所聞，雖然明知該系統架構，不，或許正是因為知道，所以自行關閉連鎖、過度相信自己的能力而進入，最後導致事故發生。別忘了現有的設備架構都是由前人的痛苦回憶、不斷提出因應策略，累積而來

的。

② **自動啓動機器**：會在流程中連續供給流體的泵浦，以及未具備緩衝槽的壓縮機等設備用機通常都具備當主機停止時，立刻重新啓動的自動啓動功能。或是，也有不少設備並非自動啓動，而是會因應流程狀況，由中央控制室遠端啓動設備。筆者年輕時期也曾在現場的一個中型泵浦機器旁與同仁們討論事情時。泵浦突然啓動，著實讓我嚇了一跳。我想以當時工廠文化應該還處於缺乏積極標示「自動啓動機器」的時期，現在一般來說都會在現場用一些方法提醒人員注意該機器爲「自動啓動機器」或是「遠距操作機器」。這個部分可以說也是根據前輩經驗才形成的現場處理策略之一。就算那些機器已經標示[自動啓動]或是[遠距啓動]，現場作業人員一定得要有機器突然運作的心理準備。最基本的原則是只要進入現場，就必須經常意識到即使目前靜止的機器突然運作，也有能夠確保自己安全的姿勢。

③ **機器使用開關加鎖**：進行狀況檢查時，因連絡不完善而開啓電源，導致正在檢查旋轉部位的人員受傷。進行電氣設備檢查中，因該處突然供電而發生感電事故或是短路事故，令人遺憾的是因這類重大災害或是狀況的案例仍不絕於後。基本上，啓動機器時，操作條件要確認完

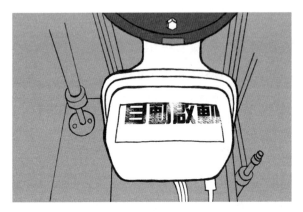

「自動啓動機器」的標示不清。必須要更醒目才行。

善，與相關人員一起密切合作進行點檢，特別是要操作會旋轉的機器時，大多要先確認開關加鎖或是解除驅動來源的電源。各個工廠對於電源開關加鎖的方法或是程序規範不同，但是人命關天，務必要求嚴格遵守相關規則。還有一種實際的做法是僅有進行旋轉機器檢查或是整頓的作業人員自己才擁有開機的鑰匙等物品，也算是一種物理性的預防措施。

此外，還有一種雖然沒有直接與職業災害事故相關，但是在尚未完成管路設定階段時就啓動供給泵浦，恐導致大量洩漏事故發生。或者，在排氣孔關閉狀態下，不慎啓動內部流體抽送泵浦，導致儲槽真空，外部壓力（大

氣壓力）讓儲槽凹陷等的事故案例相當常見。確認機器啓
動條件，絕對是念茲在茲，不可忘記的事情。

工廠內部有各式各樣的機械設備，分別因應不同需
求而運作。有遠端操作就能啓動的設備，有包裝設備、
輸送設備在一定範圍內活動的設備，也有一開始預設，
在一定條件下就啓動的設備。進入製造現場時務必要意
識到周圍狀況、經常確認「自己是否已經進入自動機
械的運作範圍內」、「這臺機械是否會突然啓動？」、
「萬一機械突然運作能否確保自身安全？」。

3. 是否環境設置上有遺漏、殘留？

前述第③小節中提及進行機器相關作業時應注意將機器上的開關加鎖，並且我們也已從安全因應措施的觀點上敘述可動機器的運作或是隨時可能啟動的狀況，針對目前正在使用中的設備進行維修或是調整、洗淨之開放作業時，必須將該項作業環境調整至不會對人體造成危害的程度。這種作業稱作「環境設置」。也就是說，必須進行流體所在處的內部清空、洗淨、去除內壓、避免開放時接觸到內部流體等相關處置，以確認人員進入時並無有害氣體，同時確保必要的氧氣濃度。運轉中之檢查、維修等安全檢查作業當然不用特別說，藉由定期整頓，在開啟所有生產設備進行環境設置作業也相當重要。倘若認為多少還會有殘存的風險時，就必須考量採用適當的保護工具。對現場作業人員來說，或許很多人無法理解前一節提及的可動機器驅動開關加鎖這個要件能夠確保所有作業人員自身安全的重要性，因此在這方面的處理不夠完善而導致多起事故發生，事實上一些差距非常微小的重大「虛驚」並無法完全根除。

① **鬆開法蘭**：打開設備時，會開啟底閥或是吹洩閥（purge valve），確認內部是否有殘留液體或是壓力後，首先要

處理鬆開法蘭的問題。然而，最初的法蘭鬆開作業，不能因為已經確認洗淨完成，沒有內壓也沒有殘留液體等狀況，就毫無防備直接處理法蘭。過去有相當多的失敗案例，例如：有殘留液體從鬆開法蘭中噴射出來、因內部壓力殘留導致內部有害氣體噴出而使人員昏倒、壓力釋放後因為還有殘留的液體附著在內壁，因而造成化學灼傷等案例。

事故發生理由千奇百怪，曾有案例是因為配管等形狀不同，導致內部有一些地方的流體吹洩或是洗淨不完全。就會有一些液體殘留在限流板前後、底閥或是吹洩閥等其他流通用空管或是分管的部分、傾斜的配管或是配管的彎曲底部、系統內閥門內部都可能有流體殘留。也曾發生在路徑上閥蓋內（Gate valve bonnet）、球閥的主體與球間隙有殘留的剩餘液體，導致還在整備中就發生災難。這樣的案例告訴我們，進行環境設置時，一開始時就必須特別注意：「或許會有殘液」、「或許內部還有壓力殘留」。應維持警戒心，試想與內壁接觸到的部位或許沒有充分洗淨。所以，一開始就要先教導新進人員，法蘭的鬆開方式是「可能會從中噴出一些什麼物質，所以鬆開時不要朝著可能會噴灑到自己的方向。應維持一個自己不會被液體噴灑到的狀態。」。即使是資深人員，也絕對不能輕忽這項

原則。

②**進入槽內時**：當然必須充分確認槽內是否仍殘留有害氣體，以及氧氣濃度。進入前必須都確認過後，才可以入槽，但是偶爾也會發生一些意想不到的狀況。

雖然已經先確認過氧氣濃度後才入槽，進入槽內深處時，身上所攜帶的氧氣濃度計會發出氧氣濃度下降的警報。雖然只要立即避難就不會有問題，但是只要是人員可以站立、步行的空間，各個位置都必須平均設置換氣系統。換氣可以預防該處發生意外，因此應謹慎規劃、確實實施。

置換攪拌槽內部空氣、從上方端板的人孔蓋（manhole）確認槽內氧氣濃度、殘留氣體濃度、確認換氣完成。接著，取下設置於上部的攪拌機時，曾發生從槽內竄出火苗的事件。因為，上方人孔的更上方連接著該槽的氫氣配管閥門洩漏，稍微洩漏出的氫氣會比空氣來的輕，因此會滯留在槽上方端板處。這是因為檢查孔是比人孔更下方，插入偵測器檢查氣體，是無法想像氫氣只會滯留在上方端板。這狀況的直接原因是主要是閥門洩漏，容我們在後續章節中敘述。

另一個案例是在很久以前，新設生產設備時發生的悲慘案例。負責大型高塔建設的年輕技術人員在終於準備

要試運轉的前一天，應該是為了再次確認而一個人前往現場，最後行蹤不明。當天下午，這設備的人孔蓋關閉、開始置換氮氣。正想尋找那位行蹤不明的技術人員時，想說「該不會是……」而打開機器，結果在機器內部發現已缺氧死亡的該名技術人員。這個案例反映出進入區域的環境設置課題，也暗示著入槽時的單獨行動嚴重違反規定。進行槽內作業時必須要有監督人員隨行，不論是該設備的設計者或是管理者，在任何時間點都有可能一個不留神，或是過度自信覺得：「很熟，所以覺得自己沒問題」，而單獨進入管制區域。

　　這個案例也告訴我們貫徹原則、要求所有人遵守規則的重要性。

③**閥門洩漏**：上述案例是因為閥門洩漏而導致氫氣滯留，許多事故的發生都是因為相信閥門沒有洩漏而導致。特別是在環境設置時，更是要考量「閥門洩漏」問題。不論是否已確認閥門關閉、確認沒有洩漏，作業開始後因為閥門上流處洩漏而導致被液體潑灑、燒燙傷、因洩漏物著火而導致火災等各種案例無數，幾乎所有工廠過去都曾有過程度不一的慘痛經驗。閥門變得比較鬆弛的案例有：卡住異物就直接關閉閥門，隨著時間經過，該異物溶解、脫落而導致洩漏。當閥門前後配管或是閥門內

部有異物而阻塞時，而且閥門是關閉的，就大意去清除該異物、讓內部流體洩漏出來。也有比較極端的案例是弄錯應開啓與應關閉的閥門。從這些案例來看，環境設置可以確保充分的安全因應對策，除了相關人員之間已充分共享該資訊等特殊情形外，原則上不能夠只依賴閥門。即便可以藉由閥門區分各個位置、設置阻隔板以完全截斷，或是利用所謂的「三閥組」[1]進行分割，但是當關閉上游的開放部位後，閥門卻有洩漏時，必須進行一些不會影響正在作業中的下游部位的因應策略。

　　一言以蔽之，爲了預防作業人員暴露在現場所有的危險狀態，必須進行環境設置之相關因應對策。清除液體、脫壓、洗淨、空氣置換、驅動來源上鎖等，只要缺少其中一個環節都會造成重大災害。特別是針對運轉中的生產設備，進行分區檢查、修理時，一定要做好區隔防護的萬全因應措施。全體相關人員必須進行作業風險評估、進行安全策略實施確認，並且全體人員必須充

---

1 在直列配置於管線上的兩個閥門之間設置排放孔，一旦上游閥門發生洩漏，就可以從該排放孔脫壓、釋放的結構。

分了解並且共享資訊狀況。重點是即使已完成洗淨、脫壓、空氣置換動作，爲了預防萬一，也要心中一直記住，閥門是會洩漏的。

4. 是否會絆倒？（步行的危險性何在？）

因作業或是步行、因現場巡邏、因階梯或是梯子升降而絆倒、滾落、滑倒、踩空等跌倒事故可以說在全世界的各種職業災害事故中，最常見的一種事故。在日本，製造業一年約有5,000人因絆倒受傷。雖然較少出現死亡的重大事故，但是對任何人來說，步行是日常活動，只要充分注意就可以防止事故發生。預防這類型之事故基本概念整理如下。

雖然不會特意去跨越一些無法進入的地方，但是光是在必經通道上就會有各式各樣的高低落差，一個不小心就可能被絆到而跌倒，因此建議極力排除通道上的高低落差。如果在排除上有困難，也可以在有高低落差的部分進行警告標示（例如：塗上黃色油漆）。步行是一種固定節奏的反覆運動，在這樣的節奏下，就算只差1、2公分，都會是造成絆倒的原因。就算是爲了去除高低落差而形成傾斜，雖與高低有不同，在擾亂步行節奏這一點上面是相同的。這個部分和階梯的狀況一樣。一般來說階梯會以20cm左右作爲固定的建造級高尺寸[2]，但是可能會因爲設

---

2 級高尺寸：階梯的高低差。係指與腳踏處（平臺）呈直角的部分。

備改造、增設等任何理由造成某些部分，特別是最初或是最後一段的級高尺寸稍有不同。對在現場工作的人來說可能會因為已經習慣了，而沒有注意，但是在某些時候卻會成為一個加害的外顯風險。應該很容易想像原本以一定節奏升降的東西突然遇到階梯落差，就很容易造成絆倒、勾住的情形。

另一方面，樓梯摔落的事故經常發生在上面3階或下面3階處。這是因為我們常常覺得「就快走完樓梯了」而會將意識轉移到下一個行動，這是人類自然反應最容易出錯的時候。可以在上面及下面3階塗上黃色油漆做為預防措施，經常可見如圖的示範案例，提醒人員注意：「還有3階喔！這裡最容易絆倒喔！」。同樣的想法，也有在鐵扶梯（Ladder）上下3階塗上黃色的案例。一般來說攀爬梯子時，最初的2、3階可能還沒什麼感覺，但是之後就會以一定的節奏攀爬。但是，從鐵扶梯下來時，是否有看著自己的腳嗎？通常是沒有的。通常要等到意識「還有一小段吧！」時，才會第一次確認自己的腳部位置，在此之前一般都只會往前方看。既然如此，也可以在腳會踏到的最後3階橫桿處，將扶手處塗上顏色，即可更親切地從視野上提醒「就快抵達最後一階了」。當初在拜訪徹底導入這種因應措施的工廠時，就對於他們這種在細節上的用心，

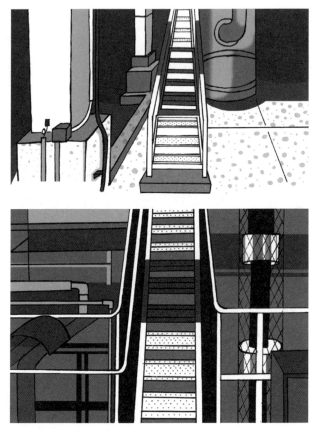

在階梯的上下3階處塗上用來提醒注意的黃色油漆

印象非常深刻。

通道周邊的高低段差，對於平常就在現場工作的人當然沒有感覺，但是對於第一次進入現場、或者平常不在現

場的人來說,他們覺得最恐懼就是這種。經過溝道式配管的側邊或是排水溝旁、或是防油堤防等處都會特別注意:「晚上走這些地方時會不會不小心摔落、緊急時不會不小心踏進去嗎?」因為無法全部裝設護欄,一旦踏進去,就非常有可能導致重傷。希望各位能夠考量危險性及通過的頻率,擬定適當的因應對策。

> 全世界的職業災害中,跌倒事故可以說是發生件數最多的事故。絆倒、滑倒或是為了避開其他阻礙等都是造成這類事故的直接原因。這類型的災害通常可以藉由排除高低落差等方式,或是明確標示該障礙處來預防。明確標示階梯的上下3階、確保安全通道等,通常可以達到讓現場得以安全活動的成果。

專欄5　「安全通道」

　　排除目前所述的這些危險性,夜間也必須確保一定的照明度,這種可以確保安全性的通道稱作「安全通道」。該「安全通道」會排除機械的運作範圍、起重機的行走範圍、對高溫物品等危險來源進行防護,或是明確標示危險來源、只要行走於該通道,就不會有重大危險,即使是可以步行的安全通道,很多時候還會藉由地面塗裝等方式明確標示位

置。由於是要確保「可以安全通行」,因此基本上並不會暫時存放資材與機材在該處。倘若因為整備等其他目的而被部分占用時,還是必須設置臨時走道,確認有維持可通行的空間。外部人員、參訪者原則上皆必須使用該通道,現場作業人員也可以藉由行走該通道,安全地前往作業位置,接著,抵達作業位置、開始進行作業時,勢必得要離開該通道,也就是說作業時必須再將安全意識提高一個等級。許多狀況的發生都是自認為現場的結構(安全通道)已經整頓妥當。可惜的是還有很多達不到安全等級的工廠存在。

5. 是否會墜落？

　　墜落帶來的傷害相當大，距離地面數公尺的高處當然不用多加談論，如同「只要1公尺就能取人性命」的說法，從高處等較不顯眼的位置墜落也可能成為一次嚴重災害的事故，必須以萬全的因應對策防堵該事故的發生。

　　在製造現場作業時，是否會有需要讓身體超出作業平臺扶手護欄的作業呢？頻率較低的作業是否有因為無適當的腳踏的空間，而站在配管上，或將腳隨意地放置某處，而單手支撐身體進行作業呢？在大卡車或是油罐車上進行裝卸作業時，是否會覺得自己處於一種不穩定的姿勢呢？作業現場周邊是否有扶手護欄等用於防止墜落的欄杆呢？欄杆是否有缺口處？這些都是最近聽到的墜落事故現場狀況。基本上在超過1公尺高度的地點進行作業時，必須先意識到自己是否會墜落。作業現場周圍最好要有扶手護欄等適當的防墜措施，如果都沒有就應該將防墜措施視為第一優先考量。例如：如果要勉強用不穩定的姿勢處理平常幾乎沒有進行的臨時作業，設置臨時鷹架才是正確的做法，踩上鷹架後才可以站在配管上進行相關作業，至少不會被視為是不安全的行動。採取這些因應措施後，為了更進一步確保安全，必須思考可能發生的狀況。或者當這些

防護策略不夠充分時，也可以藉由確實使用安全帶，以預防墜落。

　　光是穿戴並不是所需的防護措施，必須確實使用安全帶。只要稍微有墜落的可能性，或是防墜措施稱不上非常周全時，可將安全繩（lanyard）（安全帶的繩索部分）鎖緊在纜繩的固定位置，萬一發生墜落意外，即是可以用來保護自己的防護裝置。根據過去的墜落災害的案例，有一半的當事人都說：「雖然配有安全帶，但是都沒有用到」。其中有些人是有使用安全帶，但因為太鬆，安全帶整個脫開，或者安全帶雖然有效，但是因為頭部重擊地面還是當場死亡，也有因為穿戴位置不對，導致內臟受損的案例。因此，不僅要準備安全帶，還必須正確穿戴、適時使用才能夠保護自己。進行高處移動時，有些時候還需要變更安全繩的鎖緊位置。為了避免進行這種變更時，導致安全帶處於暫時無法作用的狀態，一次攜帶兩條掛勾式安全帶的方式蔚為主流。此外，現在大家對於安全性更高的「全身式安全吊帶」也有廣泛的認識，未來會逐步將其制定於法規內。

　　墜落通常會導致嚴重的災害。必須經常確認是否萬一不小心腳滑或是踏錯，也不會墜落、在墜落預防措施不夠完善的地方是否有使用安全帶等，也希望各位進行作業時擁有強烈意識：「自己的命，自己守護」。此外，光是把安全帶穿在身上並沒有任何意義。不使用就無法守護自己的命。所有的防護裝置都不能夠是單純攜帶好看的道具而已，只有正確使用才可以成為真正的防護裝置。

Chapter 5

培養在事故發生前
察覺的智慧

　　截至目前為止，我們已經談論過製造現場所需之必要資訊（第1章）、現場作業人員會因為怎樣的判斷錯誤或是誤解而導致事故發生（第2章），以及在怎樣的過程中會導致洩漏、火災或是造成職業災害（第3、4章）。為了不要導致這些事故發生，我們最好要在事故發生前留意這些內容。

　　那麼，要如何在事故發生前發現風險狀況呢？如何才能注意到這些狀況呢？我們需要怎樣的智慧呢？又該如何培養那樣的智慧？本章將試著整理說明這些問題。

1. 注意力（安全的相反詞是無意識）

　　「注意力」，會因為危險性程度而遞減。走在路上，如果注意到前方有汽車駛來，就能夠辨別該車輛大小及速度、決定是要閃避、停下來，還是繼續前進，幾乎每個人都可以不慌亂地瞬間決定。但是，如果都沒有注意、專注地在滑手機而沒發現有車子靠近，我們就很容易想像接下來會發生什麼事情了。日常生活中也必須仔細確認周遭狀況，視狀況進行因應處理。現場作業時也一樣，必須檢視周圍狀況，注意所處範圍內是否有一些怪異的狀況，是否洩漏、是否偏離、是否有物質噴出、機械是否突然啟動夾

到自己、是否會墜落、是否會滾動、是否會燒傷……，如果能夠注意到這些可能性，當然就會避開。決定是要規避還是逃離、採取何種方法手段去處置該狀況。也就是說，通常只要我們注意到，就能夠採取規避風險的動作。因此，我們可以藉由「注意力」，防範事故發生於未然。如果無法注意就無法意識到狀況，進而無法排除該危險，最後導致問題、狀況、事故等不安全的狀態。也就是說，「安全」的相反詞就是「無意識」。

那麼，該如何一直保持注意力呢？

日常生活中，我們注意到任何危險時，理所當然都會想要規避。在製造現場也一樣，注意到現在好像要發生什麼事，或是注意到發生了什麼事，「立即有所意識」即可連接到安全狀態。因此，「安全」的相反詞可以說就是「無意識」。

2. 何謂事故？（想像一下事故發生的架構）

　　圖5-1是一種可以簡易釐清事故狀況的「瑞士奶酪理論（Swiss cheese model）」模擬圖。瑞士奶酪片在發酵過程中，內部往往會產生許多空洞，將好幾片奶酪片重疊，並且個別旋轉位置後，空洞就會重疊，從空洞中可以直接看穿到另一側。我們將各個奶酪片當作安全防護系統（事故預防措施），將各個空洞當作防護系統的缺陷，當各事故預防措施的缺損嚴重並重疊時，危險要素就會穿過這些

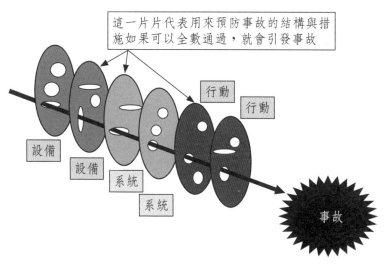

圖5-1　瑞士奶酪理論

防護系統而引發事故。也就是說目前有些部分不夠周延，但是能夠互相補足即可預防事故發生、成爲各種事故的預防策略。這也足以解釋某些時候當各個空洞或是缺口處重疊，我們就無法完全預防事故發生，這個理論模型可以幫助我們輕鬆了解事故發生的結構。此處防護系統所具備的功能，在設備面來說是指抗壓性、耐熱性、耐腐蝕性、控制系統、驅動系統、介面、操作性等，以安全管理爲首，必須確保各式各樣系統狀況，依循操作手冊、檢查手冊、業務守則、變更管理規則、工程管理規則、教育系統等。並且以人爲方式去維護，例如：遵守規則、進行確認、正確判斷、冷靜且確實實行等。

　　相反的，如果用這種圖像方式去思考平時的穩定操作狀態，左側是指危險有害性，假設通過了幾道防護系統，也會被其他幾道安全防護系統所保護、遮蔽，可以說右側應該是不會在現場出現的狀態。經歷「虛驚」或是注意到「咦？這裡竟然是開著的？」，預期的虛驚可以讓這些防護系統中的空洞存在更顯著化，或是讓人注意到空洞的存在。填滿這些空洞的活動（也就是指改善活動）可以說就是根據「虛驚」而修改的日常安全活動。此外，許多事故的發生都伴隨著不是平常的狀態或是變更，用這個模型去思考，在日常狀態下可以確實防護危險有害性的奶酪片，

會因為狀態變更或是不穩定狀態之變化而出現缺口、改變方向、使得原有空洞大小發生變化，結果形成「危害（危險有害性）」能夠通過的貫穿部位。我們必須意識到在安全要件方面，本來就會有不穩定、變更等變化發生（參照專欄3「變更管理」）。

許多事故並非由單一原因導致。狀況突然不太順利……、與平時不一樣的某些狀況一直出現……，只是因為連絡事項不夠周延……等，許多事故都是因為本來應該發揮效果的安全防護系統不夠完善而導致。這也暗示著在某個瞬間，危險有害性或許已經在現場通過好幾道安全防護系統，但是卻被某一道防護系統所攔截。因此，藉由「虛驚事故」或是風險評估，找出各個防護系統缺失並且確實進行改善活動相當重要。

3. 眼睛看不到的事物存在

　　事故發生後進行檢討、驗證時，經過一些必要的過程後，往往最後會被歸結是必然的結果。那是因為那些未知的現象，或者是以目前知識無法理解的事情尚未發生。然而，為什麼我們事前都不會知道呢？沒有發現呢？這種事後才悔恨的情形非常多。表示這中間肯定就是有一些我們沒有看到的事物存在。

　　圖5-2的磚牆表示我們所製作、制定的設備、規則、方法、程序等。設計這些東西時，我們所依據的是理論、

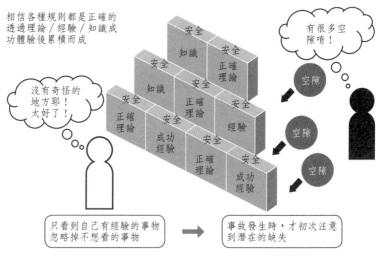

相信各種規則都是正確的
透過理論／經驗／知識成
功體驗後累積而成

沒有奇怪的
地方耶！
太好了！

安全 知識

安全 知識

安全 正確 理論

安全 正確 理論

安全 正確 理論

安全 經驗

安全 成功 經驗

安全 成功 經驗

安全 正確 理論

有很多空
隙唷！

空隙

空隙

空隙

只看到自己有經驗的事物
忽略掉不想看的事物 → 事故發生時，才初次注意
到潛在的缺失

圖5-2　一些被忽略的事物存在

失敗與成功的經驗、所屬部門的規定與規則，還有一些學習到的新東西，或是從外部獲得的資訊等現有已知的資訊知識。

　　當然，因為是要製作的物品，不可能不會知道怎麼做、不會加入無法製作的組合架構。這樣說來，設計完成的狀態應該都要是完美的才對。然而，這些製作是取決於當時製作相關人員的知識、經驗範圍。因此，當已決定的事物發生任何狀況、問題時，我們或是製作相關人員往往才會第一次注意到該缺失。這缺失就是眼睛看不到的事物，發生後才試著去檢討、驗證或者雖然知道但是無法預測的事物，以及壓根沒想到會發生的事物。事故往往就是在這種狀況下發生。也就是俗話說的「潛在風險」，如果我們能夠在事前注意到，當然就會有智慧、有決策能力可以將其編入規避策略當中。可惜的是我們在制定、決斷時往往沒有注意、忽視、不清楚這些事物。照道理說，只要將看不到的事物消除，就能預防事故發生，但是這個部分相當困難。即使已經要求自己去注意所有的事物，如何能夠在事故發生前發現到那些看不到的地方、如何擴大注意範圍即是本章的主題。

人們往往只會注意到那些已知的事物、有經驗的事物。因此，事故發生時才初次注意到那些沒看到的地方。

4. 了解事故案例

　　如同目前為止的章節所述，流程事故的直接原因雖然是異常反應或是失控反應，但是真正的起因多半是如操作失誤、如管理不夠充分而造成設備劣化、如各種現場管理業務失誤、包含沒有落實不安全行動的確認，這些職業災害事故在內的事故，本質原因多半是各式各樣的人為疏失。這些失誤如前一章節所述，在發生之前我們都看不見、察覺不到。而且，要能夠事前了解也是相當困難。

　　從這些事情來看，我們應該注意的是為數眾多的事故案例。因為事故案例才會讓人們正視究竟是誰？在哪個時間點？沒有注意到什麼事情？而發生的結果，我們任何一個人都很可能有相同的盲點或是注意不足。也就是說，事故可以證明人為面的失誤、我們難以注意到的地方以及沒注意到的地方。不論行業有多麼分歧、處理的流程有多麼不同，在相同製造環境下工作的人員們能夠提供我們一些寶貴的資訊，「這個地方沒注意到，所以無法做出最佳判斷。」。換句話說，事故是失敗的累積，了解該次失敗後只要不要再出現同樣的失敗，就能夠預防事故。如果要再說得極端一點，如果擁有能夠引起事故的智慧，即可預防事故的發生。

　　我們聽到事故發生時，總是會去關心為什麼會發生這樣的事情？以及災害發生的流程為何？起因為何？會如何發展？最終會變得如何？受害程度如何？等。當然，了解發生了什麼是重點，也是出發點，但是解釋說明完畢後，大家就將該事故發生的討論等結束了。如果事故剛好發生在與自己相同的工作環境，同樣的流程、同樣的工程、同樣的作業下，我們通常就會仔細去驗證災害發生的流程、認真處理，以避免在自己的工作環境下再度發生相同的事故。然而，認為製造流程中沒有那麼多類似問題的現場作業人員，往往認為只要別讓相同的事故再度發生即可。因此他們會認為新聞報導中的資訊，與自己的工作無關，只會稍微瞄一下而已，很難好好運用其中所隱藏的資訊價值。知道事故案例後，該從何處解讀那些資訊？如何產生有價值的資訊？皆整理在後續的章節。

　　事故案例是因為當時現場作業人員沒有注意而產生的結果。也是一個絕佳學習的好機會，可以藉此重新檢視個人的作業現場是否也有同樣沒注意到的地方。不能夠只將事故資訊單純地當作新聞事件，希望各位能夠意識到「了解事故」是為了「預防事故」。

5. 思考是在哪些地方失敗

　　相同產品以類似流程製造的工廠，如果因異常反應而發生事故時，大家就都會檢視自己的工程。假設捲膜工程出現重大事故，薄膜工廠就會檢驗自己是否有與事故相同的地方？是否有進行充分的安全因應對策？不過，如果聽聞到的製造品項發生異常反應是與自己的流程完全不同時，通常就不會對自己的製程進行整體檢測。聽到捲膜工程發生事故，如果自家工廠沒有捲膜工程當然就不會認為是值得參考的資訊。

　　然而，從事故案例學習到的事項中，往往會有很多值得更深入探究的地方。聽到反應失控，並且將事故判定為反應失控的工廠，是否有針對其所經手的物質反應特性、潛在異常反應進行檢驗？進行不定時的風險評估是否不夠周延？思考該處是否有本質上的問題時，能否進行充分的風險評估以確認自己工廠所經手的物質是否也具有潛在緊急狀態性？目前是否有再次確認的必要性？

　　即使是一般工程所引起的職業災害事故，事故報告書中陳述的安全設備、作業程序、遵循規則等相關現況與不完善之處、對事故的影響等，雖然很容易從個人職場的角度進行確認，但是更進一步深入探討後就會發現雖然有

作業程序書，也有應該備有的安全設備、也有依循作業指示，為什麼還會發生事故呢？因而發現這些事故案例中更基本的原因在於作業程序書是否適切？安全設備是否有漏洞？作業指示是否正確？全體人員能否共享資訊？工廠是否原本就有遵守規則的安全意識？等。如前所述，只要人員有發現異常，就能夠採取事故預防措施或是降低傷害相關策略。此外，從另一個方向思考，發生事故工廠的基本文化是否也會是導致失敗的主因？應該要將該事故當作教訓，並且有效應用於個人職場。

　　從這幾年間發生的重大產業事故來看，在觸發事件之本質上的問題點（失敗原因）上，是因為施工環境設置失敗、因改造而造成變更管理不周延、作業要領變更不夠徹底且未達到資訊共享化、不定時的潛在風險檢驗不周延、連鎖功能的教育不夠充分、對於經手物質的相關見解或是研究不充分、忘記設備設計的完善條件、作業指示疏失或是連絡失誤等，這些都可以成為制定整個業界安全措施、重新設計各個公司安全策略的契機。除此以外，還有應該被提出來討論的部分是應當更深入了解資訊傳遞、共享等安全文化上的問題，以及風險評估能力較差的課題。

在發生事故的背景方面，有些是人為失誤。可能是設計失誤、管理失誤、或操作失誤等等……。如果事故資訊是操作失誤，到底是因為操作方法的問題？操作指示的問題？還是，操作要領的問題？如果不去考量究竟是哪裡出現問題，就無法避免不會在自己的工作崗位再度發生。至少我們不能夠把在製造現場的事故資訊當作一般的新聞看待，重點是要從各個角度去探索或是帶有一定的懷疑去尋找答案。

6. 思考為什麼會造成那些失敗

　　在整理不知情、不依照指示（無法執行）、操作程序錯誤、不遵守規則、設備劣化程度超出預期等事故發生原因之前，必須先把焦點放在「為什麼做不到？」、「為什麼會弄錯？」、「為什麼會採取那樣的行動」、「為什麼沒有注意到？」。前提假設必須為「人是健忘的」、「人是會犯錯的」，否則就會重複發生同樣的錯誤。做不到是因為不知道嗎？不知道是因為沒人教導還是沒有學過嗎？還是，過去曾經學過但是忘記了呢？狀況不同，因應的方式也會不同。知道卻做不好，是因為作法不佳？操作過於困難？透過訓練（練習）是否能夠解決？在作業環境或操作方法方面，是否需要改善開關位置、操作位置或是進行標示？針對不同的生產設備，需要探討的觀點也會有所差異。確認那些弄錯的部分，指示是否明確？針對當事人的技能之操作指示內容是否適當？再者，當事人當下的業務內容為何？或者，在設備運作狀況下，當事人位於哪一個操作位置？是否能夠正確了解其必要性、緊急程度？對於操作內容是否充分理解？等，必須先了解錯誤的背景，從當事人為什麼會採取那樣的行動？操作手冊上如何記載？如何教育？當事人如何理解、學習等觀點去思考。也必須

從另一個觀點去思考的是，如果事故發生是因爲沒有按照規則進行時，所有人員都可以理解該規則嗎？能夠遵守嗎？容易遵守嗎？當事人或是職場是否眞的平時就有遵守規則的文化呢？

再者，在可知的範圍內也可以從事故案例中讀取到該段時期，當事人的身體狀況、個人煩惱、正在思考的事情等精神狀態，或者是否有對職場環境誤解或是失誤等相關事物發生，並且彙整出預防事故再度發生之因應措施。預防在同樣的流程、同樣的狀況下再度發生同類型的事故，藉由重新修正程序、規則，或是徹底重新修正設備管理預防事故發生、將事故案例的安全等級提升或是強化一個階層。但是如果不先整理這些「爲什麼」，直到事故發生成爲某些人痛苦不堪的回憶後才眞正暴露出來時，就錯失將這些寶貴教訓事先傳播給眾人知道的機會。如果是設計或是設備管理上的原因，則必須藉由失敗原因確認是否因爲沒有相關知識？因爲沒有思考到？或者，是否沒有可以預估的檔案資訊等，應該從失敗事故眞正的背景、應確認的現場重點或是應改善之處著手。

針對這些部分，如果只從表面針對事故發生過程，解釋「是由什麼東西所造成」、「發生何事」、「結果變得如何」等，是絕對無法取得相關資訊的。必須從「爲

何」、「為什麼」的觀點深入理解，並且反覆在自己的作業現場巡視、檢視自己的作業現場是否會有這些原因，並且予以改善、重新建立一個安全且體質健壯的作業現場。

如果是自己公司內部所發生的事故，通常可以更詳細地掌握這些資訊，而如果要用其他公司的事故案例依此類推，恐怕就會有相當的難度。然而，利用這些觀點去讀懂其他公司事故案例的態度更為重要，相信那樣的態度能夠強化自己更加注意細節的能力。發生重大事故之際，希望各位都能夠運用上述這樣的觀點對已有的事故報告書進行檢視。

> 並非要去理解何處失敗，而是要洞察為何會失敗，然後制定方針策略讓該項失敗無法出現在自己的作業現場，這才是事故案例的正確運用方法。不僅是要重新研擬操作手冊或是作業環境、進行相關教育等，從個人的想法、意思傳遞、資訊共享等職場氛圍或是習慣面去掌握、擴大思考為何招致失敗的範圍，有時可以發現意想不到的問題點。

7. 思考為什麼會如此時，必須謹記Know-Why 以及原理原則

　　科學，不會騙人。水從高處往低處流。所以低窪地區就可能會滯留水等液體。相反的，輕的氣體會比重的氣體更容易上升。因此，氫氣可能會滯留在容器上方、蒸發的水分會成為水蒸汽上升，冷卻後凝結再落下。接著，當水分反覆蒸發、凝結通常就會造就出一個非常嚴重的腐蝕環境，成為裝置內側液面腐蝕或是外側隔熱材下方腐蝕的重大原因。一般來說，物質都會有熱脹冷縮現象。也就是說，法蘭可能會因為溫度變化而鬆弛，法蘭遇冷的話會收縮，螺栓就會展延，降低鎖緊扭力。金屬材料可能會因為反覆受到熱應力（thermal stress）而疲勞。

　　各式各樣的化學物質會因條件狀況不同而有不同的反應，該反應速度還會因為溫度或是壓力而產生劇烈的變化。這就是一般所謂的「失控反應」，即使沒有達到該種狀態，反應條件變動也會因為副產物的生成比例改變而導致品質異常。腐蝕狀況同樣會因為成分、溫度、流速等條件變動而使腐蝕速度發生變化，流速降低處以及滯留部位、被堆積的沉積物以及沉澱物覆蓋處，都可能會形成與其他流動處截然不同的腐蝕環境。

　　不論大小、各式各樣的事故案例，皆是依循科學原則。因此事故案例也必須依循著這些原理原則進行驗證。不要只拘泥於事故發生以及進展流程，也要培養對類似事件的想像力、注意是否可能也會成為自家設備發生事故的原因。

　　例如：長久以來為了維持內部流體所設置的泵浦備用機管線配管下方，以超出預期的腐蝕速度出現破洞時，當然也必須確認同款的備用機周圍配管狀況，思考長期滯留→形成某種沉澱物→腐蝕環境變化等現象的Know-Why，檢討是否需要進行系統內部緊急時使用的吹洩管、控制閥門旁通管、排液孔、液位計下方排放孔等的檢驗與確認。

　　思考為什麼會在製造流程中發生時，別忘了所有的狀態都會依循科學的原理原則進行。我們通常可以從中找到適用於相同Know-Why、可能性較高的檢驗重點。

8. 從思考為什麼的原理原則中，培育出能夠想像後續發展的能力

　　看到事故資訊時、進行日常業務時、身處現場時，能夠經常細心注意到前述的「爲什麼？」，並且能夠推理出各式各樣現象、想像的能力相當重要，但是要如何學會這樣的技能呢？

　　第一，必須要有基本的科學知識。較高階或是需要詳細定量評估的事物可以交給專家處理，但是希望各位能夠培養出在現場看到狀況就可以立刻掌握狀況的能力，或是發生一些奇怪狀況時能夠以科學角度去思考的習慣。爲此，我們必須具備數學、物理、化學等基礎的科學知識，以及對個人所負責的流程或是生產設備相關的一般性知識。例如：流程的主要反應以及各工程所具備的功能，甚至操作條件、處理物質的特性、機械設備結構以及操作時應注意的地方、閥門及測量儀器、電動機等附屬設備的結構。在某種意義下，也希望各位針對各個生產設備的獨特性，擁有安全檢查方面的特殊性以及相關課題資訊。不論如何，都要確實學會設備導入教育時所傳授的內容，這些是透過日常業務即可學會的知識。還有，透過日常作業及操作學習到的、自己的經驗、應當學會的操作Know-Why

或是失敗經驗，去思考這些事物的原因，並且維持對其在知識面的好奇心也相當重要。

擁有這樣的態度與知識後，發現其他狀況資訊時，就不會單純只去追究事故發生過程，而是可以深入思考事故相關資訊，為什麼會變成這樣？為什麼會有這些失誤發生等。

重點是要能夠驅動自己的想像力，探討過去是否曾經發生過這樣的事情？是否曾經有過這樣的背景等。當然，如本章節第3.項所述，我們往往會忽略那些自己不清楚的事情，也沒有能夠察覺這些事情的方法。不過，事故資訊能夠告訴我們這些自己不清楚的事情，以及沒注意到的事情。透過事故資訊以及自己反覆的失敗經驗反芻回饋，即可連結到以下的重要注意事項：「如果變更管理都會估計錯誤，我們的做法難道就沒有缺失嗎？」「如果都已經在工程的環境設置方面那麼細心注意了，卻還有這些盲點，那麼我們現在的規則是否也有類似的盲點呢？」「規則看起來很完美。不過，實際上卻會造成這些失誤，是不是因為執行起來不夠徹底呢？那麼，是否應該把現在的規則公告周知，並且重新確認與檢查現有的方法？」「如此理所當然的事情，怎麼會沒有注意到呢？是不是因為傳達指示的方法錯誤，或是認為理所當然就沒有徹底執行呢？」

「竟然會在這樣狀況下洩漏？那樣的話，可能整個流程都有誤，我們最好也確認一下現場狀況……」。

　　我們往往會忽略一些自己不夠了解的事物。不去注意它們。不過，在某個時機下，覺得狀況有點奇怪時，就要懂得能夠對照科學的原理原則去思考「為什麼？」。然後，把過去的相關經驗或是學習過的事物帶入，即可貼近該狀況發生的理由。這種思想和好奇心將足以支撐整個部門汲取新資訊與新思想的發展。

9. 失敗經驗的重要性

即使我們能夠確實記住這些結果，但是對於當時的經過其實並不太會有強烈的記憶，許多「這樣做會比較有效」的成功經驗變成一種僥倖過關的風險或是偶然安全過關，反而可能會成為未來重大失敗的原因。而且，事故就是許多這次無法勉強通過的、無法安全過關的案例的累積。相信那些都是正確的方法並且每天進行、截至目前為止都能夠安全過關的另一面、在這些順利進行事情的周遭、不順利的事物明顯化可稱作「事故」。這些狀況雖然會不斷地反覆出現，但是我們還是可以從事故案例，也就是所謂的失敗案例中學習到一些事物，學習到那些被忽視的部分，以預防相關事故發生。

學習正確的設計方法、正確的操作程序、運作方法當然相當重要，但是透過周遭所發生的失敗案例學習、藉由模擬體驗得知原理原則以及相關知識，會比單純地從理論、方法講座、教科書等方式更能夠確實理解、學習，並且更令人難忘。再者，以此為基礎，將前一章節所述的「為什麼」以及「原理原則」，以及「人類行為特性」等念頭全部置於腦海中的習慣更能夠磨練出思考「為什麼」的靈敏度。因此希望前輩們能夠將自己的失敗經驗傳承給

後進人員。我們每個人經歷過的失敗或是差一點失敗的經驗、近似差錯都是珍寶，必須不斷地將這些資訊發送出來，讓大家共享、累積眾人的經驗，藉此提高現場的安全等級。

　　為了不要引發相同的事故，我們應該針對因事故發生後而發覺注意到的點、及有疏漏的規則以及設備進行改善，水平式地展開預防因應對策，避免事故再度發生。

　　這裡必須要注意的是「水平展開」不僅是單純地針對該事故內容。怎樣的事故內容當然一定得知道，但事故的背景原因、忽略的地方、還有潛藏於內部的問題也必須水平展開。事故的水平展開，經常用於「說明事故內容，以喚醒眾人注意、避免再度發生相同事故。」，如果只是單純地將事故以新聞訊息通知連絡的話，離「碰觸到作業人員的傷痛處」或是「了解事故，以利直接預防事故」的程度還很遙遠。如果在意這個部分，其實有無數的事故資料可供參考。要將這一切公告周知以及水平展開恐怕有點勉強，但是可以抽取其中有許多對我們有益、可以學習的案例，我們也可以針對事故本身理解其中的Know-Why、展開相同的科學課題，並且以水平展開方式消化該案例背景下真正要面對的課題。

　　自己工作的現場就不用多說，其他工廠、其他公司，也都不允許同樣的事故，也就是指同樣的失敗不能不斷地發生。水平展開的基本目的是不要再發生同種類的事故，因此必須再次確認以及展開該事故相關科學原理原則，重新檢視先前認為理所當然的習慣等，否則往往會阻礙一些對事故案例而言有價值的資訊。為了不要錯過那些部分，建議各位可以採取水平展開的方法。

10. 從事故資訊讀出「為什麼」，培育出可以 應用於未來事件的能力

有句諺語說「牽馬到河邊容易，逼馬飲水難。」，即使讓馬兒處於一個可以自由飲水的狀態，但是要不要喝水卻完全取決於該匹馬。我們的思維教育也是製造機會並且給予機會，然而該成果能否開花結果還是取決於個人。

初期基礎教育以及導入教育是得依靠當事人的動機，如「想早點獨當一面」、「想要理解現場的專業術語，想

要了解裝置運作的方式」，這樣的話，教育才有成效。接著，爲了提高當事人的動機，先由主管或是前輩給予一個動機也很重要，例如：「我對你們有很深的期待」。

當然，這些初期導入教育、基礎知識極爲重要，但是如果僅有這方面的知識，想要藉此作爲「能夠注意」或是「找出爲什麼」等的相關知識還是極爲薄弱。基礎知識養成之後，「實務經驗」的「實踐教育」及過程中會不斷反覆經歷一些麻煩、失敗、成功經驗等才能藉此串聯到「找出爲什麼」等相關知識鏈。一般的教育方式往往會教育我們「這樣做就可以順利了」、「這樣就會安全了」，是很基本卻很常見的方式，但是，這樣卻遠不及「這樣做會失敗」、「這樣做會失誤而導致事故」等以事故案例爲基礎的教育方式來的有效果。這是爲什麼呢？從結論來談，這是因爲聆聽者通常會想去尋找失敗以及事故的理由，並且會爲了收集這些答案而在大腦中準備一個抽屜來仔細聆聽。針對失敗、事故案例，只要有一個不會造成那樣的失敗、事故的單純、明白易懂的答案，就不會變成是左進右出的耳邊風，而是能夠好好地收納在大腦的抽屜內。舉例來說，我們已經聽過好多次內部排洩或是替換作業的重要性，也有實際在現場的經驗。而且，過去都沒有過相關失敗經驗。不過，在事故案例方面聽聞過，因爲沒有清除與

替換閥蓋（gate valve bonnet）內部而遭到液體潑濺；或者槽內部分空氣替換不足，導致氧氣濃度未達規定值；或是原本用來阻斷閥門的部分流體，因爲閥門洩漏而導致液體流入系統內，造成重大虛驚等情形時，這些資訊是否能夠立即運用在隔天的現場作業。即使理解規則或是作業程序，也是能夠重新檢視自己原本熟知的作業程序，確認該處實際上是否有些失誤的絕佳機會。

　　在一般教育上，我們都會這麼說：「大腦的抽屜是否已經準備好了呢？」。一些自己覺得煩惱且困擾的事情、想知道的問題答案，不論是否有被教導、不論是否在過程中跌跌撞撞，因爲有一個可以接收相關知識的抽屜，所以可以收納並且長期留存這些答案。義務上被迫聆聽的（一般教育或許也算是其中一部分），或是對聽到的內容沒有興趣，而改由工作職場內的任何一人代表聆聽，這些原本就是沒有準備好想要聽，也就無法好好地收納在大腦的抽屜內。這樣一來，就會隨著時間而逐漸淡忘。正如同「只有渴的馬才會喝水」，對該資訊呈現飢渴狀態才會想去追尋答案，才是眞正能夠提高教育成果的重點。

　　最近，體感教育相當流行。模擬讓人覺得疼痛、恐懼等體驗，用雙眼實際去確認那些一直沒有去注意的現象或是平常不會看到的現象，將教育的內容長期記憶下來，直

接用身體去感受、提高教育的實際效果。換句話說，就是一種讓人能夠眞正理解的教育。通常讓眼睛承受那些未曾經歷過的爆炸刺激，讓眼睛看到自己沒有自覺的靜電帶電量也可能充分成爲導致火災、爆炸的現象，藉由透明設備觀察到流體殘留在系統內部，確認吹洩以及替換作業的重點，這些會在現場立即發生的現象，都可以透過體感教育學習到一般授課時無法實際體驗到的經驗，因而獲得教育方面的效果。

法蘭鬆開作業或是去除阻塞物時殘壓的恐怖性、被內容物液體潑濺以及避免被液體潑濺到所採取的姿勢、區分氣密試驗或是水壓試驗的理由，以及發生萬一時的影響力差距、被捲入的容易程度或是超出預期的力量、與想像有極大差異的墜落衝擊等，這些都是在現場才能夠經歷到的事物，或者無法經歷的事物，可是周遭環境的危險，必須體驗，也就是說，需要透過實地前往現場、場勘等方式去體會那些肉眼看不見的寶貴經驗。

教育成果的良莠與否並不在於課程內容或是花費的時間，而是展現的成果。然而，這個部分相當難以檢測。舉例來說，知識或是機器運作技能可以用考試或是技術檢測來確認，但是思考課程中所提出的「爲什麼」

以及將其展開來的能力，卻位於聽課者的內心，實際上來說要從外部判斷相當困難。

　　接受教育者必須體認，為了能夠實際感受到自己的內心，必須要能夠理解自己。因此，我們期望教育這件事情並不是被動聽課，而是自我要求，重點是要讓聽課者擁有能夠思考自己想知道那些資訊的教育機會，如果剛好處於對資訊飢餓、口渴的狀態，只要一教就能放入準備好的大腦抽屜內。

Coffee Break 2

用鉛筆快速地在便條紙上寫下可設計、檢測的專業知識

這是一件在我年輕時期擔任設備設計部門的負責人時所發生的故事。

由於全夾套（Full Jacket）容器的夾套以及主體接合部位有裂縫，導致一些狀況發生，因此有一段時期我為了擬定因應對策而相當辛苦。因熱膨脹係數差異造成接合部位的彎曲力距明顯超過容許值，然而，我一直在想該如何在不改變熱傳導效率下修正形狀設計，而可以迴避熱膨脹差異，或是到底要怎樣的模組架構下才能進行強度設計？由於經驗較少，僅能依靠專業書籍持續奮戰。某位前輩看到那樣的我，便對我說：「借我看一下。」於是靠近攤開在桌面上的機器圖面，端詳一陣子後，便取出便條紙，用鉛筆寫下一些東西。然後，前輩對我說：「這樣是否比較好？」接著把便條紙交給我。便條紙上是一個簡單的示意圖，並且寫了幾行我一直在奮鬥的強度計算公式。然而，前輩寫出的驗證範圍與我針對整個機器的思考截然不同，前輩僅針對部分進行計算。雖然前輩在該處只寫出數值範圍單位概算（order level），但有具體數據。我才恍然大悟：「原來是這樣啊！原來只要思考部分位置就可以了。畢竟是個圓筒容器。不需要去計算那些光想到整個圓周計算就很困難的

東西，就算是一部分，也等於是全部了。」讓下屬先經歷思考、掙扎痛苦，然後不需要參考任何教材，就能夠用鉛筆隨意在便條紙上寫下解答之前輩的見識與專業知識深度，迄今仍讓我相當欽佩。後來我也試著仔細計算看看，結果卻與前輩隨意寫在便條紙上的數值差異不大，藉由該因應對策，終於解決了夾套接合部位的裂縫問題。

思考部分範圍來解決問題的手法，在設備強度設計上是常用的計算方法，但是能夠利用這樣的思考模式隨機應變、應用在自己必須面對的問題，即便是藉由數值範圍的單位概算方式也可以深刻地告訴我們，可以驗證想法與知識的重要性。另一方面是先讓下屬自行先思考、掙扎痛苦一番，再給予答案以及解決策略的方向，都會讓下屬更能夠接受並且記得，這也是對於後進晚輩的指導重點。我認為這些都影響著我日後面對工作時的基本態度。

11. 即使是黑箱化設備也具備原理原則

　　古往今來，特別是隨著IT技術急速進步，製造現場也持續有著相當大的變動。複雜的操作程序被電腦化，可以看到很多只要按下啟動鍵就會自動運作的裝置，可以消除人的因素避免偶爾發生的不良損失或是失誤。但是另一方面卻也沒有那些專家技術插手的餘地。說得極端一些，即便我們不知道該裝置是做什麼用的、裝置內部會發生什麼事情，我們只要按下啟動鍵就會開始製造。這就是所謂的裝置黑箱化（black box）。一方面欣喜於裝置安全運作、供給穩定，但另一方面倘若因為裝置狀況不良或是其他任何原因而導致系統混亂、無法進行自動化的情形時，通常還是必須仰賴人來操作處置。

　　無法辨別裝置中發生了什麼狀況？一般會如何處理呢？系統紊亂會導致那些風險？等，如果只是依賴自動化設備，單純地啟動運轉設備，對於上述的混亂狀況，絕對無法進行適切的因應處理。雖然不一定是被自動化，但是如果能夠知道在這幾年之間設備中發生什麼狀況、知道應該做些什麼的話，相信有些事故並不會發生。現在，我們所進行的不穩定狀態風險評估，特別會被關切的部分是「能否理解在生產設備內部所發生的狀況」，以及「對於

Know-Why相關知識」，看起來明顯較為缺乏。不管自動化進展到哪裡，設備黑箱程度到哪裡，裝置中所發生的任何事情都是依據科學的原理原則。

如果沒有進行除熱，溫度就會上升。溫度上升，反應速度就會上升，該反應放熱就會加速系統內溫度的上升，加速反應。

就算不是自動化設備，設備運作時是否也會經常意識到這些原理原則呢？在分散式控制系統（DCS）畫面的背後，設備是否因為負荷過度而正在喘息？是否不斷地用盡全力中？是否還有餘力可以動？這個部分是這樣的狀態，那其他部分的狀態又是如何呢？狀況是否與平時不同？是否有考量到上述這些事情去操作設備呢？這個觀點不僅是針對操作，不論是設計還是安全檢查，該處平常都是在怎樣的負荷下進行些什麼呢？若出現某項異常時，該處會變得如何？操作時該處還有多少空間？還是在設計極限邊緣，讓設備運轉？這些都必須特別注意。

然而，這些令人在意的事情並無法完全放入點檢表中。還有，何時？如何注意？等並無法直接寫在操作手冊或是規則裡。必須藉由正確的靈敏度或是多 的知識、經驗、推理能力、想像力等產生出「知識鏈」。

不論是否具有操作手冊，還是作業指導書，都希望各位能夠思考自己經手設備中的流體是何種狀況？還有，處於怎樣的狀態，需要做些什麼？擁有這些智慧後，一般性的設備就不用多說，就算是黑箱化的設備，發生狀況時都能夠進行接下來應有的因應處理方案。經驗以及廣泛的科學思考能力、想像力，組合起來的「知識鏈」就是這種時候所需的知識。

12. 知識無法涵蓋的事

　　知識無法涵蓋的事情就是與聯想、想像、預想、回想等也就是與曾在某處聽過、看過推想的事情不同，沒有寫在操作手冊，也沒有寫在教科書或是事故報告書的領域。一則以「恐懼」、一則以「喜悅」。這些狀態幾乎都僅能由前輩或是相關有經驗者口述傳達。

　　由經歷過不幸且重大事故的前輩口述面臨死亡瞬間的恐懼、膝蓋顫抖、心臟撲通撲通跳的記憶，以及對於同事、下屬死亡而悲傷或是自責的念頭、迄今仍每年於忌日前往墓前參拜等所背負的十字架重量等，人的內心複雜微妙的部分，不會寫入事故報告書或是教科書當中，還有在製造者心中，絕對不可以有事故發生的感性部分也不會寫入報告書中。聽到這些內容時，後生晚輩們的眼神往往相當認真，表示想了解以及不願錯過聆聽該段回憶的態度和往常截然不同。

　　另外，從開發階段的檢討就不斷勞心勞力，到該產品第一次從生產線上製造出來時、或者生產設備持續有狀況而無法運作，相關人員不分晝夜辛苦下、總算讓設備穩定運作並且開始生產時的喜悅等，在在都是現場相關人員將製造現場、生產設備，還有該現場的所有當作是自己的，

意識到那是自己的地方的寶貴經驗。是否能夠期望現在的年輕人有一天也能夠如上述前輩般想要打造出完善的設備、安全的現場做出貢獻呢？

　　把這些事情寫成文章，即使是小說，紀錄、報告、教育等一般業務性文章的話，並無法傳遞出那種「熱度」，亦無法傳遞出「真正的恐懼」。唯有透過前輩們活生生的言語才足以傳達出那種「熱度」與「真正的恐懼」。因此，希望前輩們要傳達自己的失敗經驗，也要傳達自豪的故事。那應該是身為前輩的義務與責任。

　　事實上，我們幾乎沒有可以真正學習「恐懼」、「喜悅」的機會。因為與其說是要學習，那些更需要親身經歷。那些不是一般常理，而是在個人工作領域所發生的特殊狀況，特別是要懂得「恐懼」才會是最棒的安全教育。因此，期望所有前輩都能夠講述出自身的失敗經驗。因為這些可能才是最具實效性的強力手段。

　　此外，也希望前輩們能夠傳遞出「喜悅」與「成功經驗」。因為這些都會成為最親近的、提升動機的精神食糧。

Coffee Break 3

半夜進入攪拌槽內的部長

　　某個大型製程綜合試運轉正漸入佳境時，被視為製程心臟部位的反應器，卻意外出現腐蝕情形，以下是正在痛苦摸索因應對策時的一段故事。

　　由於只是初期、輕微現象，且沒有再現性，在發生原因未明的情況下，當時主要負責設計、建設的筆者再次前往該腐蝕處，並且用肉眼觀測，深夜潛入內徑3m、高10 m的大型攪拌槽，認真地觀察該腐蝕處時，突然從後方出現了一個聲音。

　　「喂！真頭疼啊……。你知道是什麼問題了嗎？」轉頭一看，發現竟然是製造部長。（疑？部長？這個時間點部長怎麼會出現在這裡……？）

　　「還沒耶，大家都還沒有找到問題點。看看這表面粗糙的狀況，之後不知道會變怎樣呢！萬一內層厚度被侵蝕掉，可能就會出現很嚴重的問題……。」

　　「這樣啊！雖然我來這裡也沒什麼幫助，不過我蠻擔心的。而且我還得往上報告，還是親自來看看比較重要。」

　　「謝謝。正在與材料製造商檢討，我想明天應該就可以再進行測試。另一個問題是腐蝕處的修補要……。」

「麻煩你了！這項生產設備能否如預期般運作，對公司的經營影響相當大……。話說如此，試運轉時期，即使你們單位沒有這種太大的問題，還是每天搞到很晚吧！小心別勉強把身體搞壞了。雖然我說麻煩你了，但是這句話好像有點矛盾……。」

部長說完這些話後就爬上梯子離開了，我也回到工作崗位。

然而，後來回想，因為發生一些狀況，身為設備負責人的部長一個人會在半夜潛入攪拌槽設備底部，而且他對我說要注意身體狀況、好好努力！這件事、這句話讓我在心理上感受到相當沉重。（這個人對於「現場」有著強烈的愛，為了這份工作拚盡全力！）

後續又耗費了不少時間，但是狀況已經趨緩。

過了二十多年，這名部長已經位居公司高層地位，但是他到現在仍會傳授我們現場管理的經驗，那些就是「現場是根本」、「只有人可以將根本維持、傳遞」等。

Chapter 6

發現風險、因應風險

到目前為止，我們已經整理出該如何打造一個作業現場、現場會有怎樣的狀況發生、其中有哪些潛在的危險、會導致怎樣的事故與狀況？該如何得知相關資訊？等內容。並且，也已經說明我們該如何才能夠注意到這些無法立即被看見的危險，並且為此必須給予怎樣的教育。

本章中我們將重新整理一些必須在意的存在危險，也就是所謂的「風險」。

1. 何謂危險來源／危險有害性

在整理「風險」這件事情之前，讓我們先確認會成為危險來源、導致危害的原因。

我們將「危險來源」稱作「危險有害性」，並且將「危險有害性」定義為會對人類身體健康有影響、對系統有影響，以及會對環境造成影響，此外，還有可能具有導致事故的物理性／科學狀態，或是系統特性。舉例而言，製造現場的「危險有害性」有：物質自有的可燃性、爆炸性、反應性、毒性、腐蝕性；製程中的高溫、低溫、高壓、真空、速度、重量；工作環境中的的高溫、多濕、噪音、時間限制；資訊缺乏、過多或是錯綜複雜；外部來的侵入、襲擊、氣候惡劣、淹水……還有，作業或是操作

方面的潛在複雜性、錯綜性、難解性、狹隘性、位置高度（墜落）、移動（跌倒、衝撞）。此外，還有因人的認知誤會、認知差異而導致操作失誤或是指示失誤，或是故意違反規定行為等眾多「危險有害性」存在。這些危險有害性各有強弱，有與人命相關等級的、有可能造成大爆炸／火災的、有只要發生一點點就會造成輕微傷害，還有會造成品質高低起伏變化的，影響範圍相當廣。

然而，這些危險有害性的顯現有機率上的差異。例如：在經常通過的步道因高低差造成跌倒的危險有害性機率較高，但是只有歲修時，才會前往油槽區那邊的高低差而造成跌倒的危險有害性就較低。檢視這些危險有害性的影響度，以及從危險有害性對事故、出現問題狀況的機率，我們即可決定對該危險有害性的因應對策。

> 所謂「危險有害性」是指可能對人、對環境、系統造成各式各樣影響的危險來源。檢視該影響的程度、造成影響的機率，我們就可以決定相對應的對策。

2. 找出危險有害性來源

　　前一章節中我們已經描述過，在我們工作的工廠內經手的物質、流程、操作以及作業、工程，甚至是我們人員的行動等，只要出現任何差錯往往就會導致事故、狀況、環境汙染或是導致人員傷亡，這些危險來源相當多。本章節將試著整理這些危險來源為何？如何才能發現？。

　　進行生產設備或是整個現場的危險來源檢驗時，生產設備設計或是操作方法檢討通常是第一階段的檢驗。然後，再更仔細進行設備詳細設計時，或是試運轉時再針對其細部或是操作性方面的檢驗，也就是一般所謂的「設計審查（design review）」，排除反應失控以及超出系統內閉塞、溫度、壓力等設計重要條件後，導致流程事故的原因，以及內部流體暴露或是與作業人員接觸之可能性等許多危險來源可以在此階段藉由改善設備規格或是操作方法的改良予以排除。這樣一來，基本上幾乎都可以在生產設備的設置階段，藉由因應對策排除許多基本的危險來源，並且在還沒有造成太嚴重的問題階段就先將狀況控制住。

　　那麼，現在改從操作該生產設備的立場來看，已進行相關說明後的機器運轉方式，在現場進行操作時，為了確保安全，更必須檢驗是否有沒注意到之處？是否有設計者

沒注意到的盲點？當然，在設計或是建設階段時注意到的地方，都得傳達並且反映。之後，還有一些必須等到實際進行時才會注意到的部分，或是進行日常作業時應該要反覆多加注意的部分。明確找出這些危險有害性、提高安全等級是非常重要的事情。

　　這個檢驗在設備結構方面，必須依照流程圖或是操作手冊，如果操作或是確認上有誤，或是控制閥無法運作、與平時狀況有異時，應確認是否具有可在安全狀況下進行因應處理的計畫？或者，是否具有可以規避該變動的結構？現場人員是否可以進行相關因應？確認是否有對應的現場配置等。接著，在操作面也是如此，是否有覺得操作姿勢不良而造成危險？是否有疑似操作錯誤的地方？同樣在進行維修、調整之日常安全檢查作業方面、定期維修等重大工程方面、各式各樣的臨時作業以及變更情形，例如：必須辨別是否能夠確實進行環境設置？是否可以進行工程相關安全養護？等。經過不斷地檢驗後，現在設備雖然已經擺放在現場，但是檢驗活動並不能停歇，接下來也必須持續進行檢驗。也就是說，有些新發現、新體驗、虛驚（near miss）等狀況，這些都是為了提高現場安全等級，也必須注意對虛驚進行相關檢驗。注意到各種狀況後，我們就可以進行下一章節欲描述的風險處理、評估，

並且必須做出相對應的因應處理。

> 　　所謂的發現危險來源，不外乎就是前一章節所描述的應注意事項。尋找危險來源的活動並沒有終止的一天。就算操作時沒有發現任何狀況，沒有什麼令人在意之處，仍應依循更深入的科學原則，從會發生什麼事情？有哪些潛在危險？從專業性等各種角度互相指正、共享該結果，並且體諒各個人員的狀況。

3. 何謂風險

　　風險，被定義為因某項危險有害性引發的「事故發生機率，以及從該影響程度中設定不良現象等級」。在此應該注意的重點是「設定等級」，如文字所示，風險是由我們所選定的，而非老天所安排的命運。也就是說，所謂的「選定風險」是指藉由採用之因應對策，將發生不良現象的可能性賦予其等級，我們可以容許該等級的危險程度，或是指如此程度的危險性，我們能夠因應。因此，如果覺得還是有危險性就要更進一步執行排除危險性的對策，或者感覺因應對策太多、不必要的，就減少對策。可以藉此管理控制我們所期望的風險，或是應該進行的因應方式。極端一點來說，如果非常在意該危險性，只要排除該狀況的根源即可。飛機發生墜落的機率低，但是一墜落就難逃一死，如果害怕，即使需要花費較多時間，最好的選擇就是不要搭乘飛機，結果就是變成必須選擇比較耗時而且仍存在死亡率的其他交通方式。就好比說想要完全避免生產事故，只要全面停止工廠的生產活動即可；為了絕對不要有儲槽洩漏，只要不要把油卸入儲槽即可，這些都是可以做得到，但是卻是毫無意義的因應對策。因此，現行的風險等級設置概念是先預設某個機率，在該機率下出現的

現象，雖然不願意，但也無法中止，必須容許。

　　圖6-1為風險概念的說明。橫軸是為了風險規避的因應措施量，縱軸是風險等級。A點的風險等級會因為設備改造或是自動化（資金投入）以及雙人作業（投入更多人員）等，而下降到B點。該現場的風險等級如果是在B點，即判斷為可以確保自己的作業安全，表示我們可以在此等級下進行風險維持、管理。

　　我們經常會說風險較高，通常是說在該危險事物具有

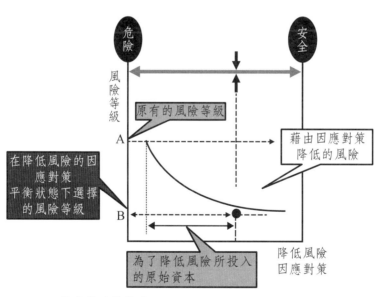

圖6-1　風險的思維模式

明顯的風險時，這部分與認為死亡或是爆炸／火災所造成的損失重大而覺得風險較高，恐怕稍微有點差異。這裡是指風險程度會因為其所造成的狀況影響程度（嚴重性）大小而定。

如前一章節所述，風險是可能會發生，但是不被喜歡的現象，對於該現象我們往往會採取一些行動，因此不被期待的風險就讓人無法安心，也就是比預想的機率更高的風險就更要想盡辦法使風險等級下降。

風險不是命運，必須評估具有某種影響程度的事物有多少發生機率，再來選擇危險度等級，也就是目前還存在的風險。當採取行動將風險減緩時，即可降低該風險等級，成為可容許的風險。

4. 風險評估

　　為了控制可容許的風險等級，必須事先評估該風險的大小。也就是說，必須考量這些不期望發生的狀態是否經常發生或者幾乎不太會發生的機率評估，然後判斷該危險有害性的影響程度，對於現場風險的大小，一般的思考方式如圖6-2（風險矩陣圖）所示。縱軸顯示某項危險有害性的機率，橫軸為其影響程度。例如：引火點較低的可燃物與引火點較高的可燃物在發生洩漏時，起火的機率會有所差異；工廠內水蒸汽洩漏與會影響地方的有害氣體洩漏

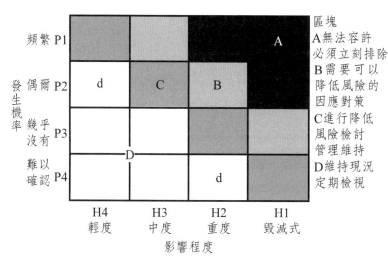

圖6-2　風險矩陣圖

的影響程度差異更大。通常無法容許發生機率較高，且影響程度較大的風險（圖中的A與B區塊）。如果在意這些等級較高的風險存在，應立即採取一些降低風險的策略或是改善策略，例如：變更操作條件或是強化設備安全措施等。

　　舉例來說，因操作失誤而會影響產品品質之風險，或是因生產管路阻塞而阻礙穩定運轉等無法置之不理的狀況，是屬於風險等級較低者（如圖中的C或D區塊），這些可以藉由完善的操作手冊或是教育等方式，將風險等級壓至更低。另一方面，影響程度雖然較大，但是從經驗上來看這類現象幾乎不會發生，或者發生機率不低但是很難造成重大災害等（如圖中的d區塊），d區塊藉由定期檢視來確認、認識風險的存在即可。圖6-2，就是依照此種思考模式，計算出風險等級的例子。

　　具體案例如下。

①有使用大量危害生命有毒氣體的製程。此氣體洩漏，除了從業人員外，也會因為氣體量多寡而對該地區造成極大的影響。如此一來，此危險有害性等級就會位於圖6-2的H1或是H2。接著，此洩漏是因為運轉控制系統有異常，使得內壓上升，從意想不到的地方發生洩漏，或是安全閥雖然有動作，但是安全閥前段可以除害設備的

功能並沒有正常運作，如果是正常運轉，有確實進行設備管理之生產設備，那種狀況是不大會發生的。也就是說，發生機率應該是在圖6-2的P3。因此，綜合性的風險等級會落在B或是C區塊。如果持續維持在這個等級，變成是要採取降低風險因應對策的B等級，就會讓人覺得不好。

因此，應該想辦法降低風險等級才行。舉例來說，讓控制類的系統或是安全閥雙重化、強化除害設備功能、及為了早期發現洩漏而設置氣體檢測器等，期望將發生機率降至「難以會發生」的P4等級，讓風險等級下降至C以下的手段相當多。這些因應對策都是為了使事故發生機率下降的措施。通常，風險等級能夠降低是因為發生機率下降，也可以依照危險有害性本身的特質以及等級來處理，降低風險的影響程度。然而，一般為了將流程所具備的風險等級往圖6-2的左邊移動，必須使製造流程中之有毒氣體所具備的危險有害性下降，這通常比較困難。例如：將原料改變為毒性較低的氣體，或是降低在流程中保有的氣體量等。

②職業災害相關的風險評估也是一樣的。先來思考一下不是經常性作業的事先的整理準備或者不定時停修，需要在配管架上等高處的閥門關閉的操作。這項作業的危險

有害性是從架上等高處墜落，由於是平常不會進行的作業，因此可能會因為誤認作業位置而導致操作錯誤。從高處墜落恐導致重大災害，因此影響度為H1。設備整理準備或是不正常停止等的次數雖然較少，但是又難以當作是幾乎沒有。這樣一來，發生機率為P2，結果風險等級就變成了A，因而被判定為無法容許的風險。這項因應對策是確保在高處作業的聯絡通道、階梯、工作平臺的地板樓層等處應設置適當的扶手護欄設備，以期大幅降低墜落事故的發生機率。只要遵循規則來作業，這種高處作業導致的墜落很難發生，即可設定在P4，且就算考量到在通道、階梯發生跌倒等狀況，影響程度也在H2以下，所以風險等級為D，這樣的因應對策就可以算是周全了。

同時在作業處明確張貼操作指南，藉此避免誤認作業處等所造成的不安全條件。該因應對策雖然也可以降低墜落等危險有害性的發生機率，另一方面，考量避免在階梯上方跌倒、從階梯上滑落等不小心發生的墜落狀態，也可以將閥門移設到地面、遠距操作閥門，或是廢止該閥門的操作，即可消除墜落這項危險有害性。

　　藉由標準的風險矩陣圖進行風險評估已經說明完
畢，也將發生機率以數值進行分類，將影響程度以被害
金額、燒毀面積、人的損失等定量化的評估。不論如
何，就現場而言很重要的是先計算出視為危險狀況的危
險程度、存在的風險，再藉由因應對策降低仍然存在的
風險，並且得知該風險等級。

專欄6　「風險」

　　有一個專有名詞叫做「RBM」，就是「風險基礎管理（Risk Based Management）」，或是「風險基礎維護（Risk Based Maintenance）」的英文縮寫，概念是以本章節所述之風險評估為基礎，決定相關管理方法或是維護方法。例如：我們確實進行機器的劣化情形評估後，認為有兩臺機器發生不良狀態的可能性較低，有一臺的影響程度非常大、另一臺則沒有那麼大，或是對外部的影響相當小時，標準的思考方向是前者必須考量出現萬一的情況，為了預防狀況發生，必須在每次設備整頓期間都進行開放式檢查。和前者比較起來，後者只需要前一臺的2倍或3倍週期的開放式檢查，檢查費用可以挪作為其他機器的檢查，藉此提升整體生產設備的信賴度等級等。在重要程度相同，故障機率幾乎沒有差異的機器，有備用機跟沒備用機做比較，沒有備用機的設備萬一發生狀況時，對生產造成的影響較大，因此提高檢查頻率等也是相同的概念。我們可以在一些前提假設下，藉由這樣的判斷方式，協助各個風險評估更為正確。

---

5. 管理風險

　　風險，通常進行過等級評估、採取因應對策之後，並且在部門單位可接受的風險等級下，往往就放心了。當然進行正確的評估、採取適當的因應對策是沒有錯。但是，別忘了那是現階段，以我們所知曉的、可行的範圍內進行評估，並且採取因應對策。但有新的資訊、在案例裡注意到的點，也有可能有遺漏的資訊，因此取得相關事故資訊等新資訊後，必須重新進行風險評估，人員替換期間也要重新進行風險評估，這件事除了是對新進人員的教育之外，對資深人員而言，也是一個絕佳的好機會可以重新確認個人所認知的風險。許多工廠規定每間隔幾年就要重新進行風險評估。

　　另一方面，從管理部門的角度來看，整體工廠的風險如何？相對來說哪裡有高風險項目存在？基於各式各樣的理由，是否還有更高風險管理的項目呢？如果有剩餘的項目，應掌握該風險降低計劃要如何實行？重要的是應該更進一步從社會情勢的角度出發，確認工廠整體風險等級能否維持在適切的狀態。

所屬單位或是工廠本身具有何種風險？必須採取適當的因應對策、確實進行維護管理等，這些都是從管理部門到第一線操作人員皆必須有所認知的重要事項。

然後，必須重新檢視相關的新資訊、新技術，對於一些新注意到的狀況或是新進人員教育，也必須定期重新進行風險評估。

專欄7　「風險評估」、「風險管理」

針對第6章所述的「風險」，在發現、評估以及因應處理程序上，一般稱之為「風險評估」或是「風險管理」，我們在此給予它一個定義並且針對流程進行簡單的整理。

首先，必須明確了解經手的原料、流程、生產工程、設備、設備運作、製造環境，以及潛在於管理面上的各種危險有害性會經過怎樣的過程？會如何顯現出來？會造成那些影響？這就是找出危險有害性情境（HS）（參照第6章第2節）。一些沒注意到的危險有害性往往並不會成為風險檢討的對象，誠如第5章第3節所述「眼睛看不到的危險來源」，它們會成為一種潛在風險並且持續存在，因此找出「危險有害性情境」這件事情非常重要。我們在第6章中談論過如何儘可能減少遺漏的注意重點。

針對被找出來的危險有害性情境，從其影響程度與發生機率進行風險等級評估。也就是判斷其是否為可容許的風險

等級。這就是所謂的「風險評估（RA）」。

　　如果判斷是無法容許的風險等級，就必須制定一些降低風險等級的策略並且進行檢驗、執行、維持，看看該風險能否降低至容許範圍內。這就是所謂的「風險管理（RM）」。（第6章第4節中有一些RA、RM的範例。）

　　許多關於風險管理的出版品，通常都只寫到這個部分。常見的風險管理是指實際在製造現場進行風險評估，並且將已存在的風險降到容許等級以下，才算是完成風險評估。然而，一定會有一些被忽略的、沒注意到的盲點存在。

　　接收到技術資訊、其他公司資訊等新資訊時，應該要習慣性地預想新的危險有害性情境、進行風險評估、檢驗，真正的進行初階的風險管理（參照第6章第5節）。

Chapter 7

零事故的現場條件

截至目前為止，我們已經說明過為何會發生事故？會發生怎樣的事故？為了預防這些事故需要怎樣的智慧？該如何學習到這些智慧？該如何評估？如何管理這些已知的、存在的風險？基本上就是「發現有哪些事情會導致事故？然後，找到解決方法以預防事故發生，正常來說預防事故最強大的方法就是熟知會導致事故的過程」。

本章節將針對現場要注意哪些恐會導致事故的事物、對於現場會導致事故的過程要瞭若指掌，也就是說，我們將說明如何建立一個不會造成事故的現場，全體人員應該具備的態度，以及為此所需進行的安全活動。

1. 把現場環境整理乾淨（5S活動）

不論是書籍還是工具或其他各種物品皆雜亂堆疊的控制室或休息室，雜亂無章的辦公室、生產的肥料粉塵越掃越多的地板。這樣的現場能夠穩定生產出品質優良的產品嗎？在這些地方工作的人們，會覺得工作愉快嗎？會熱愛工作嗎？會想要積極地處理自己的工作嗎？會具有安全意識嗎？是否只會單純地完成指示相關作業？這些都是在我們拜訪曾經發生事故的製造現場之中央控制室時，最直接的感受。

　　所謂製造現場就是由許多人共同合作、分攤複雜作業的地方，最基本的使命是進行安全且穩定的生產。因此，如果作業指示或是操作要點等相關文件彙整狀況不佳，能夠作出好的工作嗎？在抵達現場時，必須先找到必要的工具的話，這樣可以快速執行正確的作業嗎？

　　在被規定的地點張貼的指示書，必須讓每個人都可以隨時重複確認，所有的必要工具一定要放置在被規定的地點，或是帶到現場後即可毫無阻礙地立即進行相關作業，這是一個可以穩定安全生產的最基本的現場狀態。不僅是控制室，一個會將使用過的軟管就這麼放置原處、將昨天作業時所使用的工具或是踏板就這麼放置原處的現場，即使表面看起來操作得很順利，但實際上管理不到位。使用過的工具應收納在適當的位置，如果使用過的工具沒有回歸到控制室出口附近的規定位置上，工具數量再多，也不夠。因此，現場必須確實整理、管理各種物品，統稱為「整理現場」，這是本章節的主題，通常我們將其稱之為3S活動或是5S活動。

　　所謂的5S是取自日語「整理（SEIRI）、整頓（SEITON）、清掃（SEISO）、清潔（SEIKETSU）、素養（SHITSUKE）」的第一個字母。「整理」是指將東西區分為必要與不必要，並且捨棄不必要的東西；「整

頓」是指決定一個位置並且讓每個人都能夠隨時取出整理後的必要物品;「清掃」是指為了讓廣大使用者可以使用,將那些容易混亂的物品或是現場清理乾淨;「清潔」是指維持清潔,讓人員在下次使用時可以心情很好地工作;「素養」是指讓這些活動可以自然而然地成為一種習慣。

不論如何,5S執行得很好的控制室會將各式各樣的紀錄簿或是參考資料放置在檔案櫃中整理得井然有序。

這樣一來,桌上就只會有目前需要參考的資料與電腦主機等物品。在實施5S活動之前,就在辦公桌周邊發現一堆手套或是安全帶等物品,這些物品應放置於入口處附近的指定位置,不是隨意投放,而是整理好放在個人專屬的櫃子裡,之後每次要前往作業現場時就不需要再尋找;在櫃子旁邊的工具也是定位且定量,井然有序地掛放整齊;在規定的位置上標示今日的設備運作指示以及工程資訊,讓所有人都可以隨時確認,並且隨時記錄進度狀況。近年來,這些即時資訊還可以藉由與DCS系統連動的電子白板讓大家可以協商討論、公告周知,也可以運用在設備運作紀錄與作業紀錄,讓作業人員在控制室可以隨時看到。

與先前會在交誼廳(休息室)桌上隨意堆放一些看

過的報紙或是雜誌時的狀況截然不同，平常桌上什麼也不放，讓大家可以心情很好地享用午餐，隨時都可以輕鬆地在該處小憩一下。久而久之，每個人使用過交誼廳都會確實把東西收好，自然而然地維持這樣的狀態。

　　現場因為進行5S活動，往往可以發現各式各樣的變化。5S讓因長年髒汙而難以辨識的油量表（oil gauge）或是讓現場的測量儀器易於辨識。藉由5S的管理，也可輕易看到即使只是泵浦軸封部位邊邊微小的洩漏狀況。還有，清除先前堆放於現場角落的工程剩餘材料等不要的物品。到達這種程度後，現場作業人員的意識也會有所改變，因而開始出現各式各樣的優秀提案、開始實行改善策略。其中，安全通道開始有明確的標示，廠內各種標示，開始整頓，也可以看到原本塗裝有所劣化的嚴重區域出現自主進行塗裝處理等情形。

　　藉由5S活動整頓好作業現場的狀況，往往會衍生出各式各樣的好處。

　　控制室方面針對作業指示或是工程指示時，能夠順利提出資料以及必要流程圖或是圖面等。我們就可以使用這些資料，進行作業內容確認並且確實實施安全確認。不用東翻西找那些作業現場所需的必要工具，就可以立即前往作業現場。結果是可以因此降低作業失誤、提升作業確實

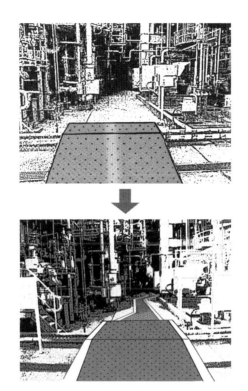

雖然還有很多可以研究的應用方法，但是已經能夠注意到安全通道的價值，用自己的想法進行明確標示。

度、精準度以及安全性，並且可以在大多數情形下縮短處理時間。

　　現場也會變得很整齊乾淨、一眼就能夠看清整體現狀，即使僅有些許漏油等以往或許會被忽視的異常狀況

都能立即發現，注意等級也都有所提升。想要像這樣進行安全且穩定的作業，5S活動可以說是必要的。大家應該都有過這樣的經驗吧！一般在辦公室或是家庭房間，如果能將雜亂的物品整理得井然有序，就能夠更輕鬆地進行工作、更快速地完成家事，的確會發生很大的差異，作業現場的狀況也是一樣的。重點是要打造出一個舒適且方便工作的安全作業現場，就需要5S活動。5S活動是維持作業現場安全活動，基本中的基本。

雖然我們將本章節的主題訂爲「把現場環境整理乾淨」，指的是推動5S活動時，通常都是要把現場整理乾淨，爲了怕各位誤會，在此聲明，我們的意思絕對不是要那種閃閃發光的新品。即便稍微陳舊，但是沒有灰塵的作業現場，就算是管理得宜的作業現場。建構一個具備機能性有整頓的中央控制室，以及能夠賦予外來人員安心感的作業現場即是「5S活動」。在此介紹幾個於製造現場推動5S的重點。

①**全體人員都要參加**：不僅是5S，現場的安全活動基本上都必須全員參加，特別是有一項5S的活動必須由全體人員通力合作進行，那就是初期清掃，也就是清除過去髒汙等，沒有人會喜歡從事這項骯髒的工作，可以的話都會想推給其他人做，但是事實上所有人員都必須從這裡

開始進行，希望所有人員都能步調一致地互相合作。這種時候盡可能由領導者或是管理階層帶頭推動，會更有效果。剛開始時，下面的人或許多多少少都會覺得被指揮命令的感覺、出現抵抗的態度，但是清潔到某種程度時，所有人員應該都會認為「有這樣做，真好！」。就這樣開始一點一滴地將5S活動的意義慢慢滲透到所有人員身上。之後持續進行各式各樣的改善活動時，也要讓所有人員擁有相同的意識，隨著職場環境的提升，加深團隊合作與整體協調感。

②**TTP**：雖然這樣做有點沒品，但是就是要「徹（T）底（T）盜取（P）」，縮寫為TTP。開始進行5S活動後，各個現場都展現出相當不錯的改善想法。只要這些改善策略的共通目的是為了打造出讓人得以開心工作的現場環境、打造安全的現場等，就要不斷地去複製、共用該策略，讓好的事物能夠變得更好。重點是必須徹底盜取（汲取）其他單位的優點，TTP本身是一個帶有「全部吞下」意味的複合字。

為了「盜取優點」而前往其他單位參觀，也是非常重要的事，不能夠只在自己的單位內閉門造車，成為名副其實的井底之蛙。學習其他單位或是其他公司的案例，應該能夠為5S活動的範圍與觀點帶來更大的刺激。

③**為了改革，必須要有傻瓜、年輕人、旁觀者**：雖然不是只拘泥於5S活動，但是在處理從未進行過的事物時，上述這些角色的人材相當重要。舉例來說：所謂的傻瓜也可以更換名稱為5S活動的奉行者。「今天把這裡打掃乾淨吧！」「今天進行這個區塊的總檢查吧！」「讓我們來討論一下這個改善策略吧！」就是這樣不斷地一個接著一個的強拉著進行各項活動的人，即使周圍有許多人會覺得「稍微休息一下吧！」或是「真想抽根菸啊」，但傻瓜還是會強拉著大家，集中做完一件接著一件事情。

雖然有點煩人，但是如果沒有這些傻瓜存在，活動就容易停滯不前，他們都是相當重要的人材。接著是年輕人。他們有體力、有衝勁。有年輕想法不會被過去所綑綁限制住、保有彈性的思考。或許會有一點好像被當作笨蛋的感覺，但是就是這樣才能成為引擎，扮演著推動活動向前邁進的角色。還有一種是旁觀者。旁觀者所扮演的角色是從外部的角度來檢視。進行一些改革活動時，有時候容易拘泥於自己部門的狀況或是一直以來的習慣、價值觀。這時，一個真心溫暖且能夠給予客觀檢視的視線非常寶貴，「這個部門的人或許覺得是常識，但是從外部看來卻相當詭異」、「這樣會與社

會脫節唷！」、「應該試著從其他的角度更進一步思考唷！」。這樣的建言有助於調整活動的方向、矯正偏頗的改善項目。如果這三種角色都能夠充分發揮，5S活動就會持續用更堅定地步伐前進。

④ **定置、定量**：這是一種整頓的手法。經常看到好不容易整理好了，留下一些必要的東西，卻因為整頓的方法半途而廢，導致實際使用時不太順手的案例。必須決定且明確標示要把什麼東西放置在何處，這就是所謂的「定置」。消耗品放在這裡、備品放在那裡等，很多物品的擺放位置都必須要決定好，再搭配定量，才能夠大幅度進行整頓作業。舉例來說，氣體檢知管每批次（Lot）二十支、標準交貨期約十天，通常作業現場每週需要消耗十幾支的話，如果在控制室架上剩餘數量為四十支時，進行訂貨，不大會造成缺貨，或是架上庫存最大量是五十支、有空間的話也可以庫存六十支。

因此，將擺放這些氣體檢知管的定置場所的檢知管量設定為六十支（定量），剩餘四十支時就訂貨的話，可以去除缺貨的可能性。這也是運用5S活動之後讓庫存最適化、訂貨時點最適化成果。

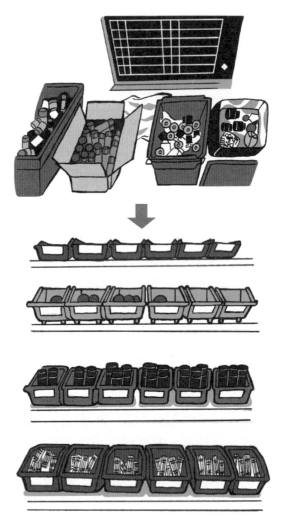

將原本僅依照類別區分的各種材料，改依照類別與尺寸進行易於
辨識的整理，讓每個人都可以一目了然地找到目標物品。

　　此外，要遵守的鐵則是定置時，位置必須考量作業人員的動線來決定。例如，我們曾發現某個控制室的動線有些不順，他們將工具放置於出入口的位置，但是手電筒放在控制室內側、安全帽放在DCS（Distributed Control System，分散控制系統）桌旁，各項物品放置在各點，因此必須在控制室中來來回回走動後才能夠前往作業現場。大家一起思考該動線配置後，決定將安全帽移動至出入口附近，旁邊放手電筒、無線電呼叫機（paging）等，最後完成了一個必須先通過工具櫃後才能出控制室的動線。再者，於出口處設置鏡子，就可以先確認服裝後再前往作業現場，一起動動腦就可以達到如此美好的改善狀態。

2. 有助於提升注意力的看板與標示

　　「安全第一」、「高處作業注意」、「達成目標！零災害！」。許多控制室會將這種標語告示像符咒一樣張貼在一些狹窄的位置。不過，有多少人會因為看了這些東西而去思考「對喔！讓我們一起努力達成零災害！」、「這是高處作業。要注意。」呢？這樣做有幫助嗎？就算偶爾在晨會進行指差確認法（手指確認程序）時，這些告示會成為大家手指的對象，但是筆者認為大多數張貼的標語告示從一開始就只是單純的壁紙作用。然而，要撕去這些過於正氣凜然的標語告示得要有點勇氣，所以結果就是一整年都貼在那裡，最後成為泛黃、破損、髒汙牆壁的一部分，從5S的觀點來看，這些都是應該予以整理的對象。張貼標語告示原本就是為了提醒大家注意，必須回歸這個初衷，希望大家知道些什麼，別忘記是為了什麼而張貼。因此，張貼這件事情本身並沒有錯，我們應該去思考的是為了什麼而張貼？應該要貼在哪裡？要張貼多久時間？一言以蔽之，標語告示不能夠成為壁紙。應該全工廠動起來，讓大家開始有些新的動作。如果能夠將這些觀念植入大家的意識當中，在開始推動相關業務時，這些標語告示就十分具有意義。發生全體人員必須共享的重大虛驚

（near miss）時，爲了不要再度發生並且以此爲基準未來絕對不要再引發類似事故，也可以藉由標語告示的方法公告該重點，也具有重大的意義。因爲人類是很健忘、很容易厭煩生膩的生物。

看到標語告示，卻只有一種「啊！這樣啊！原來是這樣啊！」的感覺時，標語告示本身雖然具有意義，但是在這過程中漸漸讓人毫無感覺。在變成毫無感覺時，標語告示就只是一道毫無意義的單純風景、牆壁。如果必須持續公告周知、傳達的話，標語告示的方式當然要容易吸引目光、讓人耳目一新才行。在這樣的前提下，新的標語告示會希望人們看到後想到些什麼呢？會成爲注意到某些事物的契機等，即可維持該標語告示原有的存在目的。

作業現場也是一樣的狀況。發生事故的地方以及持續出現虛驚（near miss）的地方，往往會掛有「此處容易發生事故，請注意！」、「此處容易發生夾傷事故！」等標語或是標示。如筆者等外部人員進入現場看到這些標示會覺得很新鮮，但是每天都在該處作業的人，眞的還會想看嗎？還算是有意義的標示嗎？接著，當該標示髒汙、或者顯示字面消失，就已經失去作爲標示的功效。當注意內容已經成爲全員共識時，是很好，但另一方面會不會被遺忘呢？能夠的話，盡量設計一些機會讓全體人員可以再次共

享過去的案例。在作業現場也可以設置一些基本的注意基礎設施，例如：明確的標語或是可以喚起人員注意意識的標示等，讓人只要身處於該地點就會想起「啊！這裡曾經發生事故。不得不注意！」，希望各位能夠下點功夫，別讓前人的失敗案例就此船過水無痕。

作業現場也會有用來提醒注意或是指示等各種標語告示或是標誌。機器名稱或是機器編號標示、配管的流體標示、方向標示都是為了預防作業錯誤、協助確認，為了確實進行作業、安全行動，務必要整頓清楚，但隨著工廠狀況不同，執行的程度也會有很大的差異。

在統一規格下，有些工廠會在配管架上方清楚標示配管內的流體名稱、流向，也是有不少工廠會在切換用的閥門附近配管利用奇異筆或是油漆用一種絕對不算是好看的字標註液體流向，或者完全不標示。哪一種方式可以讓操作人員快速且確實進行操作呢？有狀況時，是否容易進行緊急時的因應處理？是否會引起操作失誤？從控制室發出「從○○泵浦將液體送至□□儲槽……」的指示時，要依循什麼進行操作呢？仰賴記憶進行操作沒問題嗎？筆者認為在思考這類狀況下，完整地將機器進行編號標示、將配管流體名稱、方向標示等是必要的告示。

除此之外，根據工廠狀況不同，程度上也會有所差

異，但是作業現場都會有各種提醒注意的標示。在狹窄的空間張貼「注意上方」、在動態機器旁張貼「注意夾傷」或是「自動啓動機器」、在作業稍微複雜處張貼「手指確認OK！」，甚至還有「禁止進入」、「注意高溫」等各式各樣的標示，都是爲了提醒作業人員或是進入者注意而設置，這些物品雖沒有一定要到乾淨到閃閃發光，但是如果看到因爲生鏽或髒汙等造成難以閱讀標示，就會感覺到要稍微注意該現場在安全管理上的意識水準。

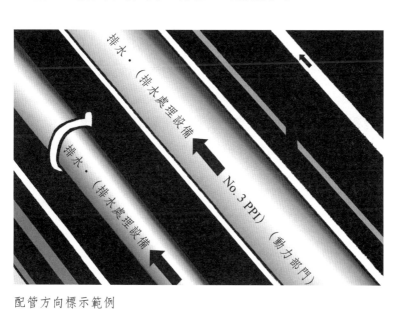

配管方向標示範例

再者，對於在現場工作的人來說，或許不太會注意到身邊的狀況，但是，對於臨時進入者而言，進入一個有明確標示出緊急沖淋裝置、洗眼器、通話機、控制室、避難通道等的工廠時，不論是對施工相關人員或是我們這些臨時進入者而言，就會覺得這工廠有替我們這些人設想周到的印象。當我們看到這些資訊標示在作業現場、在工廠入口處有安全設施配置及工廠配置圖、安全通道時，就會覺得這個作業現場的安全意識等級相當高，令人感到安心。就好比第一次進入城市的地下街時，我們可以藉由地下鐵○○線、JR（日本鐵路公司）、民營鐵路、主要大樓、出口、電梯、洗手間等確切位置的指示標識確認該如何行走，萬一出現什麼狀況，或者一般狀況，對於每個人都可以輕易自行辨識。希望大家可以理解這些指引標示相當重要，並且繼續努力進行整頓工作。

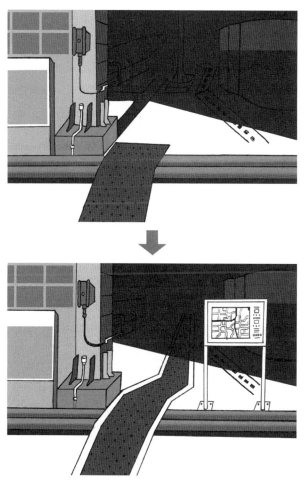

雖然現場的人員已經完全了解場地狀況，但是也要有能夠讓臨時
進入者易於理解的安全通道標示與場內配置圖。

3. 營造出會讓人注意聽、專注看的氛圍

　　資深人員總是會有一種對現場的敏銳度。僅說了一句：「這是什麼味道？」就能夠發現設備上有些微洩漏。我們將設備停止運作，進行徹底檢查後才發現，配管焊接點上有一個小孔，或是法蘭處發生了微小的洩漏狀況等，通常我們都會漏掉且不會特別在意的部位很多。尤其是如果那天剛好是下雨天，或是在配管架上方等，更讓人覺得相當佩服的：「您竟然能夠發現這些問題呢！」的狀況時常有。然後，試著繼續調查後發現，開孔處周邊的厚度已經薄如紙、洩漏處的部分龜裂情形也持續擴大，這些最後可能會導致更嚴重的洩漏或是事故，在初期階段就可以防範於未然的例子不少。然而，這種敏銳的感應力究竟是從何而來？位於何處？詢問那些因為發現好幾次問題而接受表揚的資深操作人員，他們似乎也沒有什麼特殊的方法。

　　然而，許多資深人員都會將底下的話掛在嘴上：「絕對不能讓自己的作業現場發生事故。在現場走動時，必須經常保持這樣的心情。」這樣的意識是預防事故發生的強大信念。他們經常會認真地到現場查看、聆聽，著實讓人感受到那股熱忱。

　　因為要進行作業或是檢查而前往現場時，依照指示確

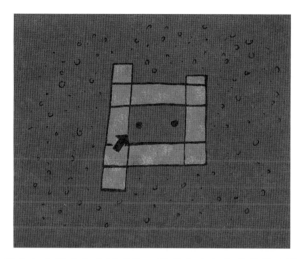

藉由如此微小的水滴痕跡，發現上方架內配管的洩漏
（這是操作人員敏銳感應力所帶來的禮物）

實進行作業、確實執行規定的檢查項目當然非常重要，這
是基本的第一步。然而，現場是一個運作中的動態環境。
如同我們先前所述，現場會有各式各樣的風險存在。會有
一些因為沒有注意而遺漏的地方、會有不順暢的地方，有
無數的狀況存在於各個地方。因此，對該現場最熟悉的就
是在現場工作的操作人員。為了不要引發事故、想要在問
題發生的初期階段就進行防堵的話，現場的操作人員就是
一個標準的人體感應器，他們可以發現現場微妙的改變、
與平時不同的地方。幾乎大多數的事故，都是從與平時不

同的微小狀況爲起點，所以和平常狀況有異時，可能會導致某些狀況發生。因此，希望各位在進行相關作業時特別留意一些與平時有異的微小變化。看到類似雨停後會出現的水蒸汽內海市蜃樓光影（heat shimmer）時，就要猜想是否是內部氣體洩漏？軸承的聲音是否比平時尖銳？配管間隔是否比平時窄？是怎樣的溫度變化會造成的熱膨脹？是否稍微有一點不同的氣味？等，期望各位在作業現場時能夠帶著敏銳的感官好好地感受這些狀況。

4. 傳達／討論／共享所發現之資訊

先前已經描述過「注意」是很重要的事情。前一章節中我們也談過希望各位能夠在現場注意到一些微小的變化。發現有洩漏、明顯與平時有所差異時，應立即向控制室以及主管報告，並且接受因應處理的指示。然而，這些「可能是洩漏吧！」、「覺得好像與平時有點不同」、「振動好像比較大」等這類的擔心、感受或是印象，該如何因應呢？

或許會覺得是自己想太多。想說「下次前往現場時，再確認一次好了」，或者是覺得這種程度大概沒什麼問題而羞於提出，先維持噤聲不語等。但是，如果狀況急速發生變異，恐怕就沒有下一次的機會了。等到發生一些問題後，才說自己其實曾經在意過等等⋯⋯之類的話就已經太遲。現場最寶貴的感應器就是人所接收到的訊號，可能有些是想太多，但是希望各位能夠將自己在意的部分和同事或是主管報告並且討論。當作是資訊，希望能夠共享。也可以一起重回作業現場進行確認。被諮詢的人不能夠覺得「那傢伙總是在自尋煩惱」、「因為他天生愛操心，所以別管他」，希望大家能夠一起思考、確認。如果發現真的只是在自尋煩惱，也希望大家能夠教導那位人員。這才是

一個活的現場教育，才是技術的傳承。相反的，如果好不容易提起勇氣講出來的話，卻被認為無聊、被視為笨蛋而被輕視，就會讓人不想再提第二次，這是人之常情。對於一名年輕、資歷尚淺的操作人員而言，要自認為自己注意到的事情就是最重要的事情，這件事情的門檻的確相當高。

雖然自己覺得怪怪的，但是覺得前輩或是直接當值的人一定也會注意到吧！因此，往往都會想，將其說出來是沒有必要的。不過現場是活的，第一時間發現狀況，這狀況有可能是事故的開端，這與新人或是前輩是無關的，大家都有可能碰到的。事實上，每個公司都曾出現過甫進入公司二、三年的員工因為發現一些重大的狀況，讓現場及時採取對策，防範於未然而由公司管理階層頒發保安功勳獎章的案例。因此別吝於提出自己發現到的事物，特別是負面的資訊，更希望各位能夠即早傳遞給相關工作人員。

即使想要表達出注意到的事情，光是在注意到的當下將「注意」的內容傳遞出去就是一件很困難的事情。該處的氣氛必須可以讓人可以想講什麼就講什麼、暢所欲言、隨意發問。

在現場同事之間，不僅僅是可以說出、詢問、操作相關、現場注意到的事情、或是製程中有一個地方不理

解等，甚至連個人私事相關也可以的氛圍，也是相當重要的，平時就要努力維持這樣的溝通方式。

本節標題已經特別描述出「共享」的概念，希望當有人發現、或是有人在意某些狀況時，不是由某一人或是部分人員所持有，而是盡可能讓更多的工作夥伴共享該資訊。資訊共享後，原本只有一名成員發現到的問題就會成為所有成員的資訊。在處理這些需要關注的地方時、針對關注事項進行相關作業或是處理相關狀態時，下次一起注意到這些情形或是狀況的工作夥伴也會跟著增加。發現到狀況的眼睛、注意聽聞的耳朵、能夠感受到的肌膚，也就是所謂的人體感應器都會隨之倍增。因此，當該條件會造成嚴重狀況的可能性增加時，就可以盡早採取正確的判斷或是因應處理。

就算是一些不這樣做也可以解決的狀況，也能夠藉由某些人的注意重點去刺激眾多工作人員的「注意感測器」、提升全體人員的感受能力，整理應該告訴新手們的重要項目、給予他們一些來自前輩們的寶貴建議，讓那些還無法提前佈署的新手們能夠早一步開始思考。

此外，有時候雖然沒有必要說出口，但是在此所描述應該傳達的、發現到的資訊不僅是現場狀況而已。亦包含工作方法、職場規則以及其他設備運作等所有現場相關事物的「發現」。

5. 建立有彈性的人際關係……

　　前一章節中我們描述過維持溝通的重要性，而確立溝通的第一步就是打招呼。「早安」、「您辛苦了」，向那些從作業現場回到控制室的工作人員說聲「辛苦了」，這樣的互動方式可以成為彼此開啓話題的契機。製造現場的工作都是團隊工作，如果彼此漠不關心，應該不會有良好的工作表現。如果無法彼此關心、理解，想法沒有共通的話，就不會有互相幫助的心情，即使傳遞出自己注意到的狀況，往往也不會有任何的回饋。筆者並不認為這樣的作業現場能夠充分確保安全。希望各位務必意識到要維持甚麼都可以說的溝通狀態。

　　對前輩們這樣說話會不會太失禮？對老闆說這麼瑣碎的事情好像有所顧忌，在組織內工作時一定都會這麼想。然而，在此希望各位不要搞混的是禮儀與客氣是截然不同的狀態。自己與對前輩或是老闆的態度是自己要區分界線。以同事之間的口吻說話、把手插在口袋裡講話這種態度當然不被允許，這是禮儀上的常識。但是，面對前輩或是面對主管時，該說的卻不說、不敢去指正對方錯誤，可能是想說要客氣，然而這不是客氣。而且，也不能算是禮儀。反而希望各位想成是這些其實是屬於不該從事的違反

規定、違反禮儀、怠慢的行為。如果全體人員都不遵守職場中所制定的規則，那麼規則就毫無意義。

不論是部長、課長，甚至是總經理，當他們不遵守或是忘記規則時，提出指正其實反而是一種該有的禮儀。

上下樓梯時應緊握扶手護欄的規則是為了預防跌倒、跌落，並不單純只是為了劃分責任而訂定的規則。跌倒或跌落並不是只有作業人員會發生，課長或是總經理也可能會發生狀況。如果現場視察時，發現總經理沒有抓好扶手護欄時，提醒「總經理，請您緊握扶手護欄」是一種正確的溝通方式，希望總經理能夠接受這樣的提醒「啊，對喔！」。每個人都不喜歡被他人指出自己的問題。不過，還是希望架構一個彼此能夠坦誠以對的職場，受到指教時能夠以感謝的心情接受柔軟有彈性的人際關係之環境。

Coffee Break 4

初次出差就是前往拜訪恐怖的客戶

以下文章並不是現場的作業情形，而是筆者真誠、正直地面對問題而串連起溝通管道的真實經驗談。

筆者進入某間公司後，有很長一段時間都在設計部門工作。期間經歷過許多艱難的會談，但是不論如何對方都是客戶，在商務權力關係上處於較強勢的地位。後來，我換了單位開始負責業務開發，當時有一個單獨拜

訪客戶的難忘經驗。如文字所述，對方是客戶，也因為是新開發的業務，所以如果被對方說：「夠了，我們不需要」就會功虧一簣，我就是在這樣的立場下進行新單位的初次拜訪工作。

目的地是一間大型電機製造商的中央研究所，我們要與對方共同進行某項新商品開發，我方的立場是開發、提供新媒體。當時，我才開始接手處理該項業務一個月，但是早在兩個月前客戶就委託我們單位開發三種新的媒體。然而，期限已過卻沒有開發完成任何一種，因此我的拜訪目的是要去道歉以及解釋。才剛參與該業務沒多久，還搞不清楚前後的新人就硬要著頭皮前往，實在是相當艱難的工作，現在回想當時對客戶是很失禮的，但是在那時候，只想到有極大的壓力，快被擊倒。或許這其中的陰謀是高階主管認為派一個剛參與規劃的人去說明，可以稍微降低對方的怒氣。更何況，我要前往說明的對象是對方研究所中，出名嚴屬的主任研究員，我們單位有好幾位前輩都曾被狠狠地飆罵過。

坐在對方研究室內的會議桌時，我相當緊張，首先為了沒有在期限內開發完成而道歉，但是也一併說明我方不會放棄，會努力完成等，而後靜待對方的斥責。

對方給我的反應卻相當令人意外。

「傷腦筋呢！不過，或許我方要求的確是過高了。我們自己也有稍稍感覺到，不過如果讓我們試著把先前

的規格改變的話，這樣做得到嗎？」

「抱歉，我還不具備能夠答應您修改後規格的相關知識。真的非常抱歉，請容我回去和研究所的人員討論後，再儘速回覆給您。」

「……？你還真誠實呢！那麼就請你這樣做吧！你先回去討論看看，針對可能達到的方案，包含可完成期限，再一併回覆給我。」

當筆者汗涔涔地離開對方研究室時，內心單純的想法是：「盡最大的誠意、坦白地傳達，對方一定可以理解。特別是技術相關，客戶端也和我們一樣有一起做出優質產品的共通目標。因此，互相協助、共同提出智慧方法，這一點根本就不需要任何猶豫。」

之後，筆者處理這個案子持續好幾年，經歷好幾次反覆開發、試作、修改、改良，過程中我都以同樣的態度拼命努力著，在不知不覺中成為筆者的基本業務態度。

離開該項業務時，該電機製造商的承辦人對筆者說了一段話，讓筆者視為珍寶。「即使我們對你提出多麼無理的要求，你都可以說出我們的期望。對於那些要求，如果辦不到你就絕對不會說可以。相反的，如果你說做得到，就一定會做出成績來。你擁有這種即時辨別的能力，甚至還可以反過來調整我方的開發時程表。對開發案主而言，你是一位相當可以信賴的人。」

6. 遵守／修正／改變規則

　　一定要遵守規則。在這個社會中，不論任何組織，只要是兩個以上的人爲了達成一件事情，都必須要依循某些規則。如果沒有規則，就無法控制整體狀況、進行相關行動，會導致事物毫無進展。生產現場當然也有規則存在，其中如果有錯，可能就有會引發非常嚴重後果的危險有害性存在。因此，務必要遵守製造相關規則。爲了社會、爲了地區、爲了同事們，以及爲了自己、爲了防止事故或環境汙染，或是各式各樣的損失而遵守規則是現場參與者最重要的事項。先前我們也曾提到過，無視於規則，對自己、對所屬組織、對同事們、對社會而言都是一種背信行爲。

　　然而，不論看起來多麼光鮮亮麗、井然有序的規則，如果沒人遵守也沒有任何意義。再者，規則有其制定的意義與意圖，但若全體人員無法認同，就無法遵守。爲何會有這些規則呢？如果依照這些規則會有那些好處呢？如果不遵守規則又會有那些問題呢？先去理解這些狀況，明確遵守規則的目的，我們就會開始萌生遵守規則的意識。生產現場的規則與那種想要輕鬆、隨意、比起他人更希望自己獲取利益等約束個人任性的社會規範不同，我們是要透

過企業活動，對社會作出貢獻以實現企業理念、確立生產活動之安全與穩定，並且予以維持為目的。因此，讓全體人員遵守、接受該作業現場的規則，這個責任扛在高階主管與頂頭上司身上。身為一名主管的責任是必須解說作業現場規則的意義、讓從業人員得以接受，並且帶頭示範。

因此，主管不能從高處向下管理，必須以相同的視線高度面對全體人員。即使個別立場與負責業務不同，為了實現企業理念以及達成工廠的安全穩定運作，必須打造出一個讓大家都可以誠實、率直地理解那些一起攜手合作夥伴們的工作氛圍。

在這樣的狀態下，全體人員才能夠理解規則所代表的意義、接受該規則的目標，並且產生一股想要好好遵守規則的魄力。

另一方面，許許多多的規則中有些也會讓人懷疑真的能夠遵守嗎？有些規則長久以來都無人遵守，也就沒有感覺了。這樣的規則勢必要有所改變。將這樣的規則放任不管，也是相關主管該負的責任。與此同時，一直假裝遵守這些根本無法遵守的規則，或是已知勉強或浪費而默認的現場作業人員其實也有責任。默認一些無法遵守的規則存在，等同於降低那些無法遵守的規則的定位。而後就會造就出「輕視規則」的文化。因此，這些無法遵守的規則必

須儘早從作業現場去除。

　　長久以來沒人遵守的規則、無法遵守的規則、怎麼思考都覺得太超過或是過於複雜的詭異規則，這些該注意的部分如同本章第4節最後所述，必須先對外發出一些資訊才行。如果真的是很詭異的規則，想必大家都會有所感覺才對。或許有些前輩根本連有這規則這件事情都忘記了。因此，大家必須針對這些問題進行思考，去改變或是廢止、整合、統合這些規則，將其矯正成正確的狀態。

　　如果大家能夠接受這樣的改善對策後，必須依循「變更管理規則」（參照專欄3「變更管理」）進行變更，然後公告讓相關人員周知、共享該資訊。這樣一來，因為此修正後的規則是經過相關人員思考、接受的，所以能夠讓全體人員表現出欲遵守該規則的責任感以及意志力。就是用這種方式從職場排除那些難以遵守，或是無法遵守的規則。

　　雖然反覆重申，必須遵守規則。然而，規則是人定的。一定會有些檢討不夠充分，有些沒有設想到的齟齬、不適當之處，不能說毫無缺點。因此，一旦發現遵守規則的困難度、矛盾、疑問點，就必須要提出來，讓大家共享該資訊並且予以檢討。因此當大家接受了討論出來的結果，就不是部分相關人員的自私想法，所以就必須透過

變更管理程序，正式進行變更。然後，必須將這次的修正結果分享給全體人員，並且要求大家遵守。也就是說，雖然一定要遵守規則，但是並非盲目遵守，歷經該修正就修正、該變更就變更的過程後，讓全體人員都能夠接受、都會願意負起責任確實遵守。

7. 自己思考的作業現場

　　規則是一定要遵守的，指示是一定得依照的。雖然這樣說，但是也絕對不是只有盲目地跟隨規則以及指示。必須思考且理解生產設備會變成怎樣的狀態？今天的操作指示意味著什麼？會對目前自己手頭上的作業造成怎樣的影響？如果只是盲目依照指示辦理，就與自動化機械或是機器人沒有什麼分別。甚至，或許只要沒有操作失誤就好。只要與人相關，該處就會有只有「人」才能夠進行的重要事務。工程現場是活的。既然是活的，就會有各式各樣的變動。有些狀況肉眼看得見，有些則看不見。最容易注意到這些變動的就是現場作業人員。運轉狀態的指示值如果稍微偏離、雖然沒有偏離設定值但感覺變化比例與平時有所不同、雖然看不出有什麼變化，但是覺得狀況有點變調時，雖然必須依照程度判斷，但不是直接向上級主管報告、等候指示，而是自己可以先好好思考。今天的操作流程狀況如何？現在的裝置狀態如何？目前正在進行的操作意義？等想一想。這狀態具有那些意義、覺得不太順利的原因為何、是否再觀察一下是好的嗎？應該要進行怎樣的修正？考量上述這些部分，找出自己的結論，再向上級主管報告、討論才是正確的處理態度。當然，上級主管會

以這些資訊為基礎，或是採納其他人的意見來判斷。在現在設備已經有所洩漏，或是發生一些狀況明顯變調的情況下，是必須馬上報告並且由全體人員共同因應，但是每個人必須根據在現場被任命的範圍，從目前學習到的、經歷過的、學會的知識進行整體思考，這樣的經驗也是用來強化個人以及現場的重要階段。

在前一章節中，我們談論過不論是遵守規則、修正規則，在作業現場發現的各種狀況也一樣，每個人都必須去思考，再將想法發送出來，讓大家共享該想法，取得共識後再進行的概念是一樣。

在此舉一個偶爾會看到的不良案例。

某一課的主任是大家皆認可的優秀操作人員。經歷過當值當班的負責人之後被拔擢為主任，但是大部分的時間還都是在現場控制室執行機器運作的相關指示。

這並不是他本身不好。然而，當設備運作變動、發生變異狀況時，身為主管的他會自己坐鎮在控制面板的前方進行設備操作，越過直接操作該設備的操作員，直接進行操作，這種情況不在少數。因為他本身就是該設備運作的資深人員，當然可以讓生產設備持續順利運作，且不會發生任何狀況，但這是已被擢升成主管者最容易陷入的狀況，也是最不良的示範。因為，後進人員經常會依賴那位

設備運作資深人員、等待他的指示，新手只能夠跟隨著前輩的動作，卻無法自己學會。等到將來成為當值當班負責人，也會成為跟這位主管一樣的主任、課長。作為主管的他剝奪讓他們獨立思考、與同事們共同判斷的過程中的學習成長、體驗的機會。在上位者，只要不是做了這個，會造成整廠停工、或者變成重大事故之外，所需作的只要耐著性子觀察同仁。從各式各樣面向去觀察同仁，或許其中會有或多或少的損失。但是，等到同仁們能夠自行克服那

些困難，就可以成為作業操作的前輩，教導經驗，發表更好的辦法、想法，這才是真正的技術傳承的意思。

當然，在上位者在這些業務方面往往會處理得會比下屬更正確、更迅速。不過，在上位者如果經常自己就做了，是無法培育下屬，主管本身也沒有成長。在上位者最重要的工作其實就是對於下屬所做的事務，溫暖地守護及忍耐。

Coffee Break 5

因為你說過……

「我試著想採取前幾天和您說明過的因應對策，結果並未如預期。因此目前無法因應處理。」

「果然還是不行啊？」

「最基本的地方還要再稍微努力一些，比方說，或許需要從基礎開始……」

「這樣啊……。我也想過這個問題，但是因為你說過有信心，所以才會交付給你的。沒想到還是不行啊！」

幾天前，因為迴轉機的振動問題，必須急著提出因應對策，從該機械結構以及目前為止的經驗看來，應該是可以解決得了，所以才會想要說服課長，沒想到因應處理的結果報告卻是如此。

與其說是鬱悶，不如說是悔恨。特別是被說：「因為你說過有信心，所以才會交付給你的。沒想到……。」聽到這句話最讓人不甘心。想必課長心裡有其他更好的因應對策方案吧！所以才會講出這句「果然還是……」，通常字裡行間會透漏著期待，一定是對該名下屬另眼相看，才會說出「因為你說過」，筆者非常可以理解這種培育下屬的方法，讓下屬試著去做做看。讓下屬對於無法適切因應，沒有想到第二方案的自己感到難為情。

讓當事人知道我們對他賦予期待，試著委以重任、讓他一展身手，這是一種培育下屬相當有效的方法，後來也在許多培訓下屬的經驗當中確認了這個方法，發現當時自己原來就是正在被培訓的下屬。當然，當時並無法理解這個部分，只記得自己悔恨地拼命去想第二方案、第三方案。然後，等到那個狀況解決時，根本不記得課長曾經對自己說了什麼、褒獎了自己什麼，又斥責了些什麼。

結果，原本課長想說最後的解決方案就是如果下屬無法解決，就要輪到自己出馬。雖然課長自己出馬可以儘快解決狀況，但是日後才發現當時在課長心中想必認為透過解決狀況的方法培育下屬是所有待辦事項中，重要等級最高的。

8. 當值值班主管課長（組長）的角色

　　在製造現場中，課長的責任相當重大。製造過程中，舉凡安全、確保生產量、品質管理等所有的直接管理責任都在課長身上。再者，合理化或是增強能力的技術檢討，以及組織內的主管、管理職的勞務管理、課員的培育責任也都歸屬在課長身上。因此，目前為止所描述的各個製造現場具體事項，基本上必須交付給設備運作現場作業人員，這是基本的概念。因為製造課長並非設備運作者。然而，對於該組織具有先前所述的感應能力、可以確保溝通順暢、可以完成適當運作業務的體制，培育、領導、統御都是課長的直接責任。因此，課長必須了解現場狀況，甚至是現場作業內容。如果不了解現場，或是不了解作業的實際狀態，該如何判斷安全措施的正確與否。要能夠判斷作業量的負荷狀況。如果沒有親臨現場，就無法得到資訊，為了作出正確的判斷，沒有什麼比親自用肉眼去確認更重要，也是絕對必要的做法。然而，對於一個非常忙碌的課長職位而言，這是相當龐大的業務量。不過，如果不能夠超越這個部分，責任就不算完全。因此，從經營面來的期待相當高、壓力也很大。若要說工廠是由課長來支撐大局也絕不為過。反過來說，現場狀況的良莠與否也全憑

課長本事。

在看過各式各樣的事故報告書後，就會發現，包含課長在內的管理部門都是發生職業災害事故時，才知道實際作業狀態，或者作業狀態與管理部門的期望內容相距甚遠。

這些事故案例的因應對策通常大多停留在對應該事故的預防再發生的狀態，而與事故本質所需的因應對策相距甚遠。因為希望不要再引發相同事故，但是往往是現實中常見這樣的案例。

這些現場給人的共通印象是課長對現場不熟悉，想了解現場卻又無從了解。在上述眾多課長的責任義務中，有超過一半的力量必須投注在表面的管理項目、生產量或是品質，因此通常給人的印象難免是無法真正從根本上投入現場、無法培育現場應變能力（cultivating gemba power）等更為重要的責任義務。

輪班制的現場負責人，所謂的直接負責人的工作想當然耳會與課長不同。生產設備的直接運作負責人就是該製造現場的管理者。他必須進行生產量、製造品質、設備的日常維持管理，以及維持製造現場各式各樣的機能以及秩序，以穩定持續運作為主要任務，並且統籌整個現場狀況。基本上就是要確保安全。為了確保安全，事實上只要

具備設備運作的停止權限即可。當然，直接負責人就是該現場設備運作的資深人員。基本上通常是由對現場發生的任何事情都可以盡量因應、擁有經驗與具有真知灼見者擔任該職務。這樣一來，直接負責人得以正確掌握、因應設備運作狀態，並且向上級主管—課長報告。同時，發生任何問題時也具有提出運作方案或是相關改善策略建議的責任。也就是說，在生產設備運作方面的專家就是直接負責人。

曾在事故案例中看過一種很令人惋惜的直接負責人，明明就是資深人員，同時應該也是該生產設備運作的專家，但是對於職務上接收到的指示或是日常的習慣、狀況掌握不夠充分，只會在與平時相同程序下執行作業指令，或者自行進行作業結果引發狀況或是災害的案例。

一言以蔽之，這些都是未充分思考、漫不經心執行作業的結果。現場作業人員應當經常掌握、理解、思考並且因應狀況，才是應有的基本的態度，我們期望直接負責人能夠帶頭貫徹到底。

此外，課長與直接負責人都是設備運作現場的管理者。必須分別在各自的責任下，負責並且判斷、執行，相關人員必須依循該指示。具有各種危險有害性的現場就像是一支軍隊，必須明確維持這套指揮命令系統。也就是

說，不論課長或是直接負責人都分別站在各自的立場下擔任指揮官。然後，如前述，現場是否為知無不言的氣氛、可以討論的氣氛，也就是說緊密的溝通相當重要。課長或是直接負責人都一樣，希望他們都能夠尊重在現場工作的工作人員想法，這一點相當重要。相關現場人員也必須維持一定的禮儀，與上級長官可以溝通、對話、互相依靠，感覺比較像是一種兄弟關係。

Coffee Break 6

當值值班主管對新任部長開炮

　　根據筆者的經驗，當時雖然覺得非常生氣，但是事後往往會感激涕零。

　　在一個帶有重大品質問題的製造部門中，為了解決品質問題，我接受任務指派，在職場生涯中首次就任製造部長，以下是在歡迎會時發生的故事。

　　因為以前曾經待過工廠的管理部門，所以與以前就認識的資深直接負責人寒暄：「再次請您多多指教。我知道我們有很多艱難的課題要面對，現場也還有很多不清楚之處，請您多多給予指導。」

　　「彼此彼此。品質問題相當複雜……。現場作業人員都很用心地辛勤工作，但是卻不太有效果……。還請您經常到現場走動走動。多多給我們指導。」

「當然，說到製造，重點就是現場。我會儘量多多前往現場。讓我們一起努力。」

「不過，部長。請您成為對我們來說值得信賴的好部長啊！如果不這樣的話，我們的部長通常很容易就被拔掉喔！只要我們在現場稍微做點手腳，就會立刻做出不良的淘汰品唷！只要出現不良淘汰品，您這個部長的頭銜就會被拔掉吧？」

「請別威脅我啊！讓我們一起努力打造出品質穩定的製造現場吧！麻煩你囉！」

「當然要努力啊！不過，請您成為一個好部長。3個月後，部長再到現場時，如果有年輕人為您倒杯咖啡的話，就表示部長已被現場人員接受了。請務必牢記這一點。」

老實說這樣的對話真的會讓人生氣。筆者至少是一名主管。竟然有人會對主管用到這種「會被拔掉頭銜」等激進的言詞，讓人感受到現場人員對於從其他部門新來的成員交織著抗拒、不信任感等複雜情緒。

其實我也有點意氣用事。接下來就特地空出時間，頻繁走訪工程現場。觀察現場的氣氛、根據作業的實際狀態提出獨到的意見或是改善重點。

到任後約經過2個月，某次前往控制室開始進行相關討論時，並沒有特別要求，但是年輕的操作人員卻

倒了一杯咖啡進來。雖然只是一杯即溶咖啡，但是，卻有一種：「啊，至少沒有被拒絕。大家開始接受我了吧……。」的感覺。

後來，在做了快三年的現場部長後，已經可以與當時不服氣的資深直接負責人及現場操作人員針對各式各樣的問題互相討論、切磋、進入設備、反覆測試錯誤，致力於改善現場、提升品質、確保安全相關措施。雖然解決品質問題的這件事情後來又拖到了下一個部長的時代，但是現場的活絡狀況已經有了大幅的進步，在各方面也都獲得不錯的評價。

為了可以透過實際經驗的事務，作為自己的本業，部長、管理者等很容易從上級的視角去檢視現場，從上面下指示，然而，進入現場、獲得現場人員信賴，並且能夠被眾人所接受這件事情相當重要，彼此的信賴關係會成為現場氣氛活絡的來源，才能夠親自真正學習到穩定運轉、安全操作相關知識。這些可是超過20年的寶貴經驗談。

9. 建議高階管理者在現場說話

距今20～30年前，視察製造現場的總經理幾乎都在控制室召集現場員工，並且說話：「請大家在安全第一的狀態下努力」，接著通常會在工廠會議室內對各主管們說明經營狀況以及訓話，並且與廠長聚餐後結束這一趟工廠訪問的行程。在過去，這或許算是一種總經理的威嚴。不過，為了總經理要來，開始鋤草，開始把控制室掃得乾乾淨淨的，雖然是玩笑話，卻是不爭的事實。

進入現代社會後，上述那種形式的總經理現場視察活動幾乎沒有了，即便總經理進入控制室，有多少是帶著確保安全是企業活動的根本的理念，公開談話，而且不是表面性談話，而是真正自己的信念呢？。對於現場主管們的關心，親自在現場展現自己的行動會因認知程度與現場確保安全連結，不同的案例也會有相當程度的溫度感受差異。

當然，雖然因為責任大小與性質有所不同，但是總經理與現場操作人員對於公司理念的實現，在個別立場上各自努力完成職務的心是一樣的。誰也不會想要總經理做現場的工作。不過，如果總經理能夠認真的思考、去了解，有相同理念的員工、現場的安全、現場的工作，在得知總

經理的心時，將能夠鼓舞現場作業人員。此外，再加上一句「一起努力吧！」，是再次激勵現場作業人員「好！一起努力吧！」的絕佳好機會。

在某種意義下，我們會希望總經理或是經營相關主管經常走訪現場。希望在控制室和大家圍成一個圈互相討論經營、現場狀況、現場安全等議題。在進行那樣的懇談時，禮儀是必要的，但是不需要無謂的拘泥或盲從。幹部們可以知悉現場同仁們理解了多少公司的方針或是目標後，轉換為自己的語言。現場作業人員也真實地傳達在

現場執行該目標的實際狀態或是發現的課題，以及希望主管們務必要知道的事情。照道理說，開始進行這樣的溝通後，應該能夠更進一步提升該工廠的安全意識，並且也相信在結果方面能夠強化工廠的體質。

雖然好像有點畫蛇添足，但是「主管到訪工廠次數」這個指標最近也被納入各個保安能力評估指標當中。

當然，該成果不僅是次數。高階主管的想法要能夠與現場狀態契合更為重要，由4班輪值全體人員及日班人員進行交流對話，每年到訪各個工廠5次並且前往所有的控制室，這麼努力達成目標的高階主管是存在的。

筆者對於這樣的態度深感佩服尊敬。

Chapter 8

結論
（應變能力較高的現場）

先前我們已經描述過打造出一個不會造成事故、能夠獲得周遭信賴的現場環境所需的做法、想法，以及爲了達成該目標所需的智慧和爲了擁有該智慧所能運用的方法等。

本章將彙整並且試著簡潔描述出學習這些東西時，現場應有的狀態。這些狀態當然不會永遠不變。這裡提供的也不會是標準答案。筆者期望各位讀者能夠擁有一定的能力，控制現場不要出現狀況或是處於不良狀態，甚至是發生事故。萬一眞的不幸發生，也能夠將狀況抑制在最微小且最輕微的階段，並且持續維持現場狀態，甚至能夠有所提升。

1. 現場都會依照科學的原理原則運作

現場絕對不會發生人爲以外、不可思議的狀況。所有的現象都可以用科學的原理原則來說明。也就是說，只要鑽研「爲什麼」，應該可以得知所有的狀況都依循原理原則、科學法則而進展。高溫就是低溫處升溫、低溫就是高溫處降溫。壓力就是會想要變成低壓、尋找可以洩壓的出口。液體或是具有重量的東西會往下方移動。比重較大的流體會潛入比重較小的流體下方。材料有分強度，超過

該界線就會斷裂。該強度會因為溫度而改變。材料會隨著溫度而伸縮。如果將其抑制住，就會產生應力。物質會隨著溫度而改變體積。如果將其堵住，就會產生壓力。氣體是可壓縮的流體，液體是非壓縮性的流體。物質移動需要能源。固體移動會伴隨著摩擦。摩擦會產生熱以及造成磨耗。與東西接觸或是摩擦會產生靜電。物質會因為條件不同而產生相變（物態變化）。相變的潛在能源（潛熱；Latent heat）一般來說較大。

化學變化是指物質本身狀態改變。化學反應的速度會根據溫度以及壓力。一般來說，溫度上升，會加快反應速度。會考量使用物質的特性以及使用條件來選擇裝置材質。材質方面會考量腐蝕問題後選定。設備會因為提供多人使用而劣化。會因為反覆受到應力或是熱、振動等負荷而使材質劣化。

這些只不過是存在於工程現場的一小部分科學原理原則。不過，將這些東西當作知識後，倘若沒有如鎖鏈般將所有知識串聯在一起，就不會是真正的現場管理。不論是在事故案例檢討方面、或是思考為何會有不順狀況時，如果沒有智慧得以聯想各式各樣狀況，就無法可以有真正避免事故再度發生的防止策略，也會沒發現就在身旁的相同現象問題。事實上，許多事故都是因為草率而遺忘基本

的原理原則，才會導致事故發生。本書不斷反覆提及要用
原理原則去檢視、培養思考的習慣就是這個意思。並不是
所有事情都需要用高度的專業知識去武裝。需要高度專業
領域知識的狀況，就只要善用專家們即可。不過，在相關
原理原則方面，希望各位可以不斷深化自己的能力，至少
在基礎知識方面，特別是在符合自己現場所需的基本條件
方面。許多在現場工作的作業人員，如果能夠經常抱持著
這樣的態度，在現場運作、作業、工程風險評估方面都能
期待會有更高階的注意能力表現。擁有這樣的智慧，並且
發揮科學上的好奇心，是培養現場應變能力之一的重要條
件。

2. 每一個人都要認真地工作

前一章節中，我們曾提及如果摒除人為部分，現場根本就不會出現那些不可思議的部分。那麼，有人會問，造成這些不可思議的事情肯定是人為的嗎？答案是YES。人類會遺忘，也會弄錯。細查這些狀況的發生結果，總是會有「為什麼這個人會這樣做呢？」或是「為什麼他會把這裡搞錯呢？」等絕非惡意，但卻是不可思議的失誤。所以答案是肯定的。

我們在第2章中描述過人類的心理、在第4章中描述過預防職業災害的觀察點，即使完全理解那些重點、努力實行，仍有可能因為未注意疏忽而導致錯誤發生。因此，不要讓人出現錯誤，恐怕是個永遠的難題。在此引用「猴子也會從樹上摔落」這句話，意思是即使是爬樹很厲害的猴子，也有可能會從樹上摔落，即使是知名人物也難免會有犯錯的時候，既然我們的目標是要打造出一個現場應變能力較高的現場，請務必要有「猴子也會從樹上摔落」的信念，即使是資深熟練者，也有可能會對於突發的點，想錯、弄錯，必須尋求人為失誤（human error）的因應對策。即使發生錯誤也不要緊，必須專注於不要受傷的因應對策。有意圖的跨越欄杆，就會有從高處摔下的可

能，有意圖的不按應該要按下的開關，而去按下不同的開關的話，運轉就會發出嘎嘎聲。這裡想要談的並不是要針對是否有意圖（故意與否）的因應對策，而是要防止因誤解所造成的失誤，期望各位能夠思考出一個能夠將該影響降到最低的因應對策。這是因為沒有人會想故意犯錯的⋯⋯。例如：不小心錯按、按到緊急停止按紐，裝置雖然停在安全的位置，但是這樣一來對於操作也是會帶來重大的影響。誤觸修理中的迴轉機電源而導致重大職業災害。規定不能對正在動作中的東西伸出手，這件事情已經不斷地耳提面命，但是想要取下在輸送帶上的小異物、想要擦掉輸送帶上的一點點汙垢、覺得只不過是在機械手臂的運作範圍內稍微進入做些什麼也沒關係的善意行動，有時候就會傷害自己或是傷害到他人。為了預防這些狀況，重要的開關可以加上防護套，因為掀開防護套這個動作，能夠幫助我們再次確認當下操作的正當性，隨著設備整頓作業，而對電源鎖方面的「安全措施注意要領」要嚴謹的規定。為了不要讓手指誤入迴轉機的可旋轉部分，而加上防護套，預防擅自進入可活動區域，而設置圍欄或是連鎖（interlock）等，採取一些因應措施避免因不小心的失誤而導致狀況、事故發生。防呆工程（fool proof）、失效安全（fail-safe）等設計應該可以在預防這類事故、防止

狀況發生時發揮極大的功能。

　　沒有人會想要疼痛的感覺，也不會想要帶給他人傷害。更不會想要造成事故或是不良狀況。不過，有時候就是會不小心出現一些不可思議的行為。這就是人類。雖然工程現場以及設備已經具備各式各樣的規格或是系統標準，預防不要因為一時失誤或是認知錯誤而引發重大事件，當然還是必須透過訓練以便理解、共享有哪些架構、了解該如何操作等相關資訊。

　　然而，這種防禦系統最重要的還是現場溝通。

　　藉由彼此互相關懷、注意、出聲搭話、設置立板等方式，對現場操作人員的作業相關細節給予提醒及確認，以及來自前輩的建議等應該都能夠真正預防、處理掉大多數的失誤狀況。前一章節所談論過的溝通、團隊合作正是確立現場安全的關鍵，也是提升現場應變能力的另一個重要項目。

　　每一個人都要認真地工作。期望完成自己被賦予的使命。不僅是在職場。人生在世，都是社會的一分子、家庭的一分子。有些場景在工程現場，有些場景在公司。期望我們都別在這些地方造成自己或是他人沉痛的回憶或是傷害。

3. 帶有安全想法與知識的氛圍，就是安全文化

　　從各式各樣的角度去檢視那些重大事故，描述事故的本質原因時，一定會出現的相關詞語就是「安全文化」。通常會統整表現為該工廠中有那些與事故原因相關的缺陷需要改善，為了不要再發生相同事故必須塑造一個更為安全的文化等。在聽到相關報告時，究竟自己所屬的現場，安全文化是否貫徹實施？在自己所屬的工程現場中有些甚麼，沒有些甚麼是否明白？實際上卻不是那麼一回事。我們所屬的工程現場，也幾乎都深陷於所謂的「這是公司的常識、社會上是沒常識」或是「井底之蛙不識大海」等超越現實的特殊狀況。

　　因此，應該要多加利用外在視角，例如：接受所謂的外部機構監查、知道自己所屬現場相對於世界上其他工廠處於怎樣的地位、了解如何變得更好的改善方向等現實狀況。

　　整理自己所屬現場相關的各種重要條件，並且讓全體人員能夠正確理解，以此為基礎所處理的物質、流程、設備、裝置運作、現場作業以及因為整備作業或是工程伴隨而來的風險評價（risk evaluation）。除了要有經驗，也必須充分地從科學角度出發，推動、發展良好的知識和智慧

教育，並且在實務上將全體人員所注意到或是在意的事情讓得以分享給所有人、說服並且理解彼此。因此，現在我們並不需要在工程現場大聲疾呼安全文化等相關議題，而是應該要讓安全這件事情變得更有功能性！

當然，要達到這種程度，還需要有高階主管、管理部門、相關部門等推動各式各樣的措施並且投入資源。

另一方面，製造現場的業務和許多人有關。因此，指揮命令系統必須非常明確。必須遵守規則或是指示，而且要讓每個人都能夠理解、接受狀況以及內容後再進行相關行動。因此，溝通上必須充分傳達意思、理解、共享資訊。理解「每一個人都是獨一無二的個體」，工作夥伴之間要互相尊重、信賴，行動時帶有一種「自己當然就不用說了，也不要讓其他人有沉痛的回憶」、「不要造成當地居民困擾」的信念，這難道不也是一種能夠讓安全文化充分發揮功能的方法嗎？

本書中所談論的內容其實正是提高安全文化、磨練知識與智慧的措施。現場的作業人員與相關人員之間能夠有效溝通，即可自然而然地無限降低事故與不良狀況的發生機率。即便如此，如同「昨日的安全，無法擔保今日的安全」這句話，日後或許仍有直至今日尚未現身的新課題出現。許多案例皆顯示當我們鬆懈、放手的瞬間，安全等級

也會跟著下降。安全活動沒有結束的一天。全體人員必須經常以「安全第一」為最優先考量並且付諸行動，這種堅強的意志力才是安全文化，亦是用來打造一個安全現場的必要條件。

參考文獻

1. 厚生労働省労働基準局安全課労働災害發生狀況等（平成30年6月1日）
2. 荒井保和：「經營から現場まで　ブラント安全構築手冊」、化學工業日報社（2014）
3. 高圧気体保安協会事故データベース（2017）
4. 高圧気体vol.53 P.5 高圧氣體保安協會（2017）
5. 荒井保和：《化學經済》vol.63 No.7 2016年6月号、化学工業日報社（2016）
6. 田村昌三：《安全と健康》vol.19 No.1 2018（17）

結語

　　協助規模較小的工廠進行安全活動或是擬定預防事故再度發生之因應策略時，深感該處的安全理念或是基本的安全措施與所謂大企業大型工廠所採取的安全對策、措施差距相當大。筆者撰寫本書時，深感必須先對這些狀況有所了解後，才能萌生想要深化安全等級的契機。然而，筆者陳述這些事情，在現場的人一定有聽過、一定有想過，而且這些項目並不是只有大型工廠才能夠做得到。確保安全、防止事故是王道，因此打造安全製造現場的方法與工廠規模大小無關，只有乖乖地持續地一一確認才是正確之道。在不同工廠感受到的差異是在於執行的徹底程度和「絕對不允許在自己的工作領域內發生事故。」的信念、從經營者到現場第一線工作人員是有多麼認真地把這些當作自己的問題來處理，以及處理上的意識差距等。

　　筆者撰寫本書的概念是為了徹底進行這些安全相關的各項活動，書中所提及的「注意」是用來強化現場安全、是打造出不會造成事故的工程現場的關鍵。從醞釀這件事情所進行的相關措施、資訊收集、教育等角度來看，也讓我們有機會重新確認團結一致與合作在真正落實面的重要性。為了協助各位讀者理解，本書中提供了各式各樣的案

例，當然絕對無法全面網羅。

　期待透過諸位讀者的經驗與先知卓見，以及各個現場的狀況，發現筆者未盡之事宜，藉由不同觀點或是方法手段，產生更有意義的安全活動。

　本書中的整理都是筆者的個人見解。可能會有所偏頗之處。不過，本人苦口婆心的叮嚀，都是爲了諸位讀者人身安全而深入探討的相關解決之道。

　「所有的事故，幾乎都是故人已經歷過的歷史重演。」

　而且，「昨日的安全，並不能擔保今日的安全」。

　最後僅以這句話作爲拙作的結語，希望各位能夠將本書內容刻印在心裡。

　　　　　　　　　　　　　　　　　荒井 保和
　　　　　　　　　　　　　　　　　二〇一八年十二月

國家圖書館出版品預行編目資料

產業安全基礎的基礎／荒井保和著；張萍
　譯. -- 初版. -- 臺北市：五南圖書出
版股份有限公司, 2020.11
　　面；　公分
　譯自：事故になる前に気づくための産
業安全基礎の基礎
　ISBN 978-986-522-310-6 (平裝)

1.工業安全　2.職業衛生

555.56　　　　　　　　109015323

5T51

產業安全基礎的基礎

作　　　者 — 荒井保和

譯　　　者 — 張萍

發 行 人 — 楊榮川

總 經 理 — 楊士清

總 編 輯 — 楊秀麗

副總編輯 — 王正華

責任編輯 — 金明芬

封面設計 — 郭佳慈

出 版 者 — 五南圖書出版股份有限公司

地　　　址：106台北市大安區和平東路二段339號4樓

電　　　話：(02)2705-5066　　傳　真：(02)2706-6100

網　　　址：https://www.wunan.com.tw

電子郵件：wunan@wunan.com.tw

劃撥帳號：01068953

戶　　　名：五南圖書出版股份有限公司

法律顧問　林勝安律師事務所　林勝安律師

出版日期　2020年11月初版一刷
　　　　　2021年 4 月初版七刷

定　　　價　新臺幣350元

KONINARUMAENIKIZUKUTAMENO SANGYOANZEN
SONOKISO by Yasukazu Arai
…pyright © Yasukazu Arai 2018
… rights reserved.
…ginal Japanese edition published by The Chemical
…ly Co., Ltd.
…ditional Chinese translation copyright © 2020
…Wu-Nan Book Inc.
…s Traditional Chinese edition published by
…angement with The Chemical Daily Co., Ltd.,
…yo, through HonnoKizuna, Inc., Tokyo, and jia-xi
…ks co., Ltd.

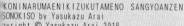

經典永恆・名著常在

五十週年的獻禮——經典名著文庫

五南，五十年了，半個世紀，人生旅程的一大半，走過來了。

思索著，邁向百年的未來歷程，能為知識界、文化學術界作些什麼？

在速食文化的生態下，有什麼值得讓人雋永品味的？

歷代經典・當今名著，經過時間的洗禮，千錘百鍊，流傳至今，光芒耀人；

不僅使我們能領悟前人的智慧，同時也增深加廣我們思考的深度與視野。

我們決心投入巨資，有計畫的系統梳選，成立「經典名著文庫」，

希望收入古今中外思想性的、充滿睿智與獨見的經典、名著。

這是一項理想性的、永續性的巨大出版工程。

不在意讀者的眾寡，只考慮它的學術價值，力求完整展現先哲思想的軌跡；

為知識界開啟一片智慧之窗，營造一座百花綻放的世界文明公園，

任君遨遊、取菁吸蜜、嘉惠學子！